P9-CQQ-200

# Table of Contents

**(Answer Key in Back)**

ISBN: 978-1-63578-301-8

Current contact information for Libro Studio LLC can be found at www.LibroStudioLLC.com

# Day 1
## Multiplying 0 & 1

Name: RJ

Score: 60/60  Time: 2:35

*Feb 2/21*

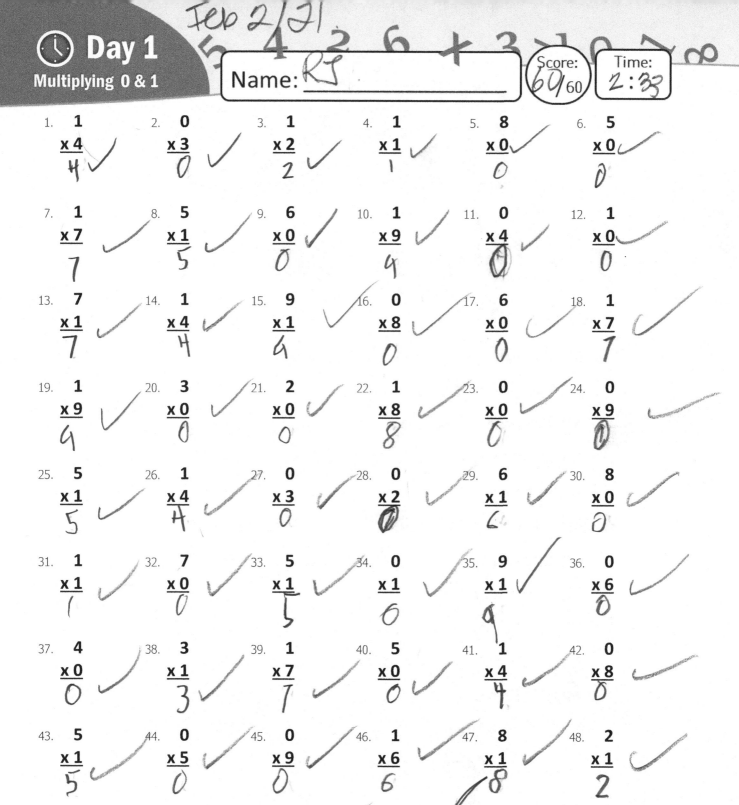

| | | | | | |
|---|---|---|---|---|---|
| 1. $1 \times 4 = 4$ | 2. $0 \times 3 = 0$ | 3. $1 \times 2 = 2$ | 4. $1 \times 1 = 1$ | 5. $8 \times 0 = 0$ | 6. $5 \times 0 = 0$ |
| 7. $1 \times 7 = 7$ | 8. $5 \times 1 = 5$ | 9. $6 \times 0 = 0$ | 10. $1 \times 9 = 9$ | 11. $0 \times 4 = 0$ | 12. $1 \times 0 = 0$ |
| 13. $7 \times 1 = 7$ | 14. $1 \times 4 = 4$ | 15. $9 \times 1 = 9$ | 16. $0 \times 8 = 0$ | 17. $6 \times 0 = 0$ | 18. $1 \times 7 = 7$ |
| 19. $1 \times 9 = 9$ | 20. $3 \times 0 = 0$ | 21. $2 \times 0 = 0$ | 22. $1 \times 8 = 8$ | 23. $0 \times 0 = 0$ | 24. $0 \times 9 = 0$ |
| 25. $5 \times 1 = 5$ | 26. $1 \times 4 = 4$ | 27. $0 \times 3 = 0$ | 28. $0 \times 2 = 0$ | 29. $6 \times 1 = 6$ | 30. $8 \times 0 = 0$ |
| 31. $1 \times 1 = 1$ | 32. $7 \times 0 = 0$ | 33. $5 \times 1 = 5$ | 34. $0 \times 1 = 0$ | 35. $9 \times 1 = 9$ | 36. $0 \times 6 = 0$ |
| 37. $4 \times 0 = 0$ | 38. $3 \times 1 = 3$ | 39. $1 \times 7 = 7$ | 40. $5 \times 0 = 0$ | 41. $1 \times 4 = 4$ | 42. $0 \times 8 = 0$ |
| 43. $5 \times 1 = 5$ | 44. $0 \times 5 = 0$ | 45. $0 \times 9 = 0$ | 46. $1 \times 6 = 6$ | 47. $8 \times 1 = 8$ | 48. $2 \times 1 = 2$ |
| 49. $8 \times 0 = 0$ | 50. $1 \times 1 = 1$ | 51. $1 \times 5 = 5$ | 52. $0 \times 6 = 0$ | 53. $1 \times 0 = 0$ | 54. $0 \times 3 = 0$ |
| 55. $9 \times 0 = 0$ | 56. $4 \times 0 = 0$ | 57. $0 \times 5 = 0$ | 58. $1 \times 4 = 4$ | 59. $1 \times 3 = 3$ | 60. $2 \times 1 = 2$ |

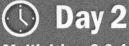

Name: _____RJ_____

Score: 60/60

Time: 1:30

1.  0
    x 6
    0

2.  1
    x 3
    3

3.  7
    x 1
    7

4.  1
    x 6
    6

5.  9
    x 0
    0

6.  0
    x 4
    0

7.  1
    x 5
    5

8.  5
    x 1
    5

9.  8
    x 0
    0

10. 1
    x 9
    9

11. 0
    x 4
    0

12. 1
    x 0
    0

13. 7
    x 1
    7

14. 1
    x 4
    4

15. 9
    x 1
    4

16. 0
    x 7
    0

17. 6
    x 0
    0

18. 1
    x 7
    7

19. 8
    x 1
    8

20. 3
    x 0
    0

21. 2
    x 0
    0

22. 1
    x 9
    4

23. 0
    x 0
    0

24. 0
    x 9
    0

25. 2
    x 0
    0

26. 1
    x 4
    4

27. 0
    x 3
    0

28. 1
    x 5
    5

29. 6
    x 1
    6

30. 8
    x 0
    0

31. 1
    x 1
    1

32. 7
    x 0
    0

33. 5
    x 1
    5

34. 0
    x 1
    0

35. 9
    x 1
    4

36. 0
    x 6
    0

37. 4
    x 0
    0

38. 3
    x 1
    3

39. 1
    x 7
    7

40. 5
    x 0
    0

41. 1
    x 4
    4

42. 0
    x 8
    0

43. 5
    x 1
    5

44. 0
    x 5
    0

45. 0
    x 9
    0

46. 1
    x 6
    6

47. 8
    x 1
    8

48. 2
    x 1
    2

49. 1
    x 1
    1

50. 0
    x 6
    0

51. 1
    x 5
    5

52. 0
    x 8
    0

53. 1
    x 0
    0

54. 0
    x 3
    0

55. 5
    x 0
    0

56. 4
    x 0
    0

57. 0
    x 9
    0

58. 1
    x 4
    4

59. 1
    x 3
    3

60. 2
    x 1
    2

## Day 3
### Multiplying 0 & 1

Name: RJ

Score: 60/60

Time: 1:22

1.  3
    x 0
    0

2.  9
    x 1
    9

3.  1
    x 4
    4

4.  1
    x 7
    7

5.  9
    x 0
    0

6.  0
    x 6
    0

7.  1
    x 7
    7

8.  5
    x 1
    5

9.  8
    x 0
    0

10. 1
    x 9
    9

11. 0
    x 4
    0

12. 1
    x 0
    0

13. 6
    x 1
    6

14. 1
    x 4
    4

15. 3
    x 1
    3

16. 0
    x 7
    0

17. 6
    x 0
    0

18. 1
    x 7
    7

19. 5
    x 1
    5

20. 3
    x 0
    0

21. 2
    x 0
    0

22. 1
    x 9
    9

23. 0
    x 6
    0

24. 0
    x 3
    0

25. 9
    x 0
    0

26. 1
    x 4
    4

27. 0
    x 5
    0

28. 1
    x 8
    8

29. 6
    x 1
    6

30. 2
    x 0
    0

31. 1
    x 1
    1

32. 7
    x 0
    0

33. 5
    x 1
    5

34. 0
    x 1
    0

35. 9
    x 1
    9

36. 0
    x 5
    0

37. 4
    x 0
    0

38. 3
    x 1
    3

39. 1
    x 9
    9

40. 3
    x 0
    0

41. 1
    x 1
    1

42. 0
    x 8
    0

43. 5
    x 1
    5

44. 0
    x 6
    0

45. 0
    x 9
    0

46. 1
    x 6
    6

47. 8
    x 1
    8

48. 2
    x 1
    2

49. 1
    x 0
    0

50. 0
    x 0
    0

51. 1
    x 5
    5

52. 0
    x 8
    0

53. 1
    x 4
    4

54. 0
    x 8
    0

55. 0
    x 9
    0

56. 4
    x 0
    0

57. 0
    x 5
    0

58. 1
    x 2
    2

59. 1
    x 7
    7

60. 4
    x 1
    4

Name: _RJ_   Score: 60/60   Time: 1:14

1.  0
    x 5
    0

2.  5
    x 1
    5

3.  1
    x 2
    2

4.  1
    x 5
    5

5.  9
    x 0
    0

6.  1
    x 6
    6

7.  1
    x 7
    7

8.  5
    x 1
    5

9.  8
    x 0
    0

10. 1
    x 9
    9

11. 0
    x 4
    0

12. 1
    x 0
    0

13. 0
    x 7
    0

14. 1
    x 9
    9

15. 3
    x 1
    3

16. 0
    x 9
    0

17. 6
    x 0
    0

18. 1
    x 1
    1

19. 5
    x 1
    5

20. 3
    x 0
    0

21. 2
    x 0
    0

22. 1
    x 4
    4

23. 0
    x 6
    0

24. 0
    x 3
    0

25. 9
    x 0
    0

26. 1
    x 4
    4

27. 0
    x 5
    0

28. 1
    x 8
    8

29. 5
    x 1
    5

30. 2
    x 0
    0

31. 1
    x 4
    4

32. 1
    x 0
    0

33. 5
    x 1
    5

34. 0
    x 1
    0

35. 9
    x 1
    9

36. 0
    x 5
    0

37. 4
    x 0
    0

38. 3
    x 1
    3

39. 1
    x 9
    9

40. 8
    x 0
    0

41. 1
    x 1
    1

42. 0
    x 8
    0

43. 6
    x 1
    6

44. 0
    x 6
    0

45. 0
    x 9
    0

46. 1
    x 4
    4

47. 8
    x 1
    8

48. 2
    x 1
    2

49. 7
    x 0
    0

50. 4
    x 0
    0

51. 1
    x 5
    5

52. 0
    x 3
    0

53. 1
    x 7
    7

54. 0
    x 8
    0

55. 0
    x 5
    0

56. 0
    x 0
    0

57. 0
    x 9
    0

58. 1
    x 2
    2

59. 1
    x 7
    7

60. 4
    x 1
    4

Name: _RJ_    Score: 69/60    Time: 2:20

1. 2
x 3
**6**

2. 5
x 2
**10**

3. 2
x 1
**2**

4. 2
x 5
**10**

5. 3
x 2
**6**

6. 6
x 2
**12**

7. 2
x 7
**14**

8. 5
x 2
**10**

9. 8
x 2
**16**

10. 2
x 9
**18**

11. 2
x 4
**8**

12. 2
x 0
**0**

13. 1
x 2
**2**

14. 2
x 7
**14**

15. 3
x 2
**6**

16. 2
x 9
**18**

17. 6
x 2
**12**

18. 2
x 9
**18**

19. 5
x 2
**10**

20. 3
x 2
**6**

21. 2
x 2
**4**

22. 2
x 6
**12**

23. 2
x 8
**16**

24. 2
x 3
**6**

25. 5
x 2
**10**

26. 2
x 4
**8**

27. 2
x 9
**18**

28. 2
x 8
**16**

29. 5
x 2
**10**

30. 3
x 2
**6**

31. 2
x 9
**18**

32. 0
x 2
**0**

33. 5
x 2
**10**

34. 2
x 1
**2**

35. 4
x 2
**8**

36. 2
x 5
**10**

37. 6
x 2
**12**

38. 3
x 2
**6**

39. 2
x 7
**14**

40. 4
x 2
**8**

41. 2
x 1
**2**

42. 2
x 8
**16**

43. 5
x 2
**10**

44. 2
x 6
**12**

45. 2
x 9
**18**

46. 2
x 2
**4**

47. 8
x 2
**16**

48. 6
x 2
**12**

49. 4
x 2
**8**

50. 7
x 2
**14**

51. 2
x 5
**10**

52. 2
x 2
**4**

53. 2
x 9
**18**

54. 2
x 8
**16**

55. 2
x 1
**2**

56. 4
x 2
**8**

57. 2
x 9
**18**

58. 2
x 2
**4**

59. 2
x 5
**10**

60. 7
x 2
**14**

Name: RJ    Score: 60/60    Time: 2:01

1. 2
× 2
**14**

2. 8
× 2
**16**

3. 6
× 2
**12**

4. 2
× 5
**10**

5. 3
× 2
**6**

6. 5
× 2
**10**

7. 2
× 7
**14**

8. 5
× 2
**10**

9. 6
× 2
**12**

10. 2
× 9
**18**

11. 2
× 4
**8**

12. 2
× 0
**0**

13. 7
× 2
**14**

14. 2
× 4
**8**

15. 9
× 2
**18**

16. 2
× 8
**16**

17. 6
× 2
**12**

18. 2
× 7
**14**

19. 2
× 8
**16**

20. 3
× 2
**6**

21. 5
× 2
**10**

22. 2
× 8
**16**

23. 2
× 0
**0**

24. 2
× 9
**18**

25. 5
× 2
**10**

26. 2
× 4
**8**

27. 2
× 3
**6**

28. 1
× 2
**2**

29. 5
× 2
**10**

30. 8
× 2
**16**

31. 2
× 2
**4**

32. 7
× 2
**14**

33. 5
× 2
**10**

34. 2
× 4
**8**

35. 9
× 2
**18**

36. 2
× 6
**12**

37. 1
× 2
**2**

38. 3
× 2
**6**

39. 2
× 7
**14**

40. 5
× 2
**10**

41. 2
× 4
**8**

42. 2
× 9
**18**

43. 6
× 2
**12**

44. 2
× 5
**10**

45. 2
× 9
**18**

46. 2
× 2
**4**

47. 8
× 2
**16**

48. 2
× 1
**2**

49. 4
× 2
**8**

50. 1
× 2
**2**

51. 2
× 5
**10**

52. 2
× 6
**12**

53. 0
× 2
**0**

54. 2
× 3
**6**

55. 9
× 2
**18**

56. 8
× 2
**16**

57. 2
× 2
**4**

58. 2
× 4
**8**

59. 2
× 3
**6**

60. 6
× 2
**12**

Name: _RJ_  Score: /60  Time: :

1.  2
    x 7
    14

2.  2
    x 4
    8

3.  0
    x 2
    0

4.  2
    x 9
    18

5.  6
    x 2
    12

6.  2
    x 1
    2

7.  2
    x 9
    18

8.  5
    x 2
    10

9.  6
    x 2
    12

10. 2
    x 9
    18

11. 2
    x 5
    10

12. 2
    x 0
    0

13. 7
    x 2
    14

14. 1
    x 2
    2

15. 5
    x 2
    10

16. 2
    x 8
    16

17. 6
    x 2
    12

18. 2
    x 7
    14

19. 2
    x 9
    18

20. 3
    x 2
    6

21. 2
    x 2
    4

22. 2
    x 4
    8

23. 0
    x 2
    0

24. 2
    x 7
    14

25. 5
    x 2
    10

26. 2
    x 4
    8

27. 2
    x 3
    6

28. 2
    x 0
    0

29. 6
    x 2
    12

30. 8
    x 2
    16

31. 2
    x 8
    16

32. 7
    x 2
    14

33. 5
    x 2
    10

34. 2
    x 1
    2

35. 9
    x 2
    18

36. 2
    x 5
    10

37. 9
    x 2
    18

38. 3
    x 2
    6

39. 2
    x 7
    14

40. 4
    x 2
    8

41. 2
    x 4
    8

42. 2
    x 8
    16

43. 5
    x 2
    10

44. 2
    x 6
    12

45. 2
    x 9
    18

46. 2
    x 3
    6

47. 6
    x 2
    12

48. 2
    x 2
    4

49. 4
    x 2
    8

50. 1
    x 2
    2

51. 2
    x 2
    4

52. 2
    x 8
    16

53. 1
    x 2
    2

54. 2
    x 3
    6

55. 2
    x 4
    8

56. 4
    x 2
    8

57. 2
    x 5
    10

58. 5
    x 2
    10

59. 2
    x 8
    16

60. 2
    x 6
    12

Name: RJ

Score: 60/60

Time: 1:57

1. 2
x 0

2. 2
x 4

3. 3
x 2

4. 2
x 5

5. 3
x 2

6. 2
x 2

7. 2
x 5

8. 5
x 2

9. 8
x 2

10. 2
x 9

11. 2
x 4

12. 1
x 2

13. 7
x 2

14. 2
x 4

15. 9
x 2

16. 2
x 7

17. 6
x 2

18. 2
x 7

19. 8
x 2

20. 3
x 2

21. 2
x 2

22. 2
x 9

23. 0
x 2

24. 2
x 9

25. 2
x 2

26. 2
x 4

27. 2
x 3

28. 2
x 5

29. 6
x 2

30. 8
x 2

31. 1
x 2

32. 7
x 2

33. 5
x 2

34. 0
x 2

35. 9
x 2

36. 2
x 6

37. 4
x 2

38. 3
x 2

39. 2
x 7

40. 2
x 2

41. 2
x 4

42. 2
x 8

43. 5
x 2

44. 2
x 2

45. 2
x 9

46. 6
x 2

47. 2
x 5

48. 8
x 2

49. 1
x 2

50. 2
x 6

51. 2
x 5

52. 2
x 8

53. 2
x 0

54. 2
x 3

55. 5
x 2

56. 4
x 2

57. 2
x 9

58. 2
x 4

59. 2
x 3

60. 2
x 5

# Day 9

**Multiplying 2's**

Name: _____

Score: /60

Time: :

1. 
2
x 6

2. 
2
x 3

3. 
7
x 2

4. 
2
x 5

5. 
3
x 2

6. 
2
x 6

7. 
2
x 7

8. 
5
x 2

9. 
8
x 2

10. 
2
x 9

11. 
2
x 4

12. 
2
x 0

13. 
6
x 2

14. 
2
x 4

15. 
3
x 2

16. 
2
x 7

17. 
6
x 2

18. 
2
x 7

19. 
5
x 2

20. 
3
x 2

21. 
2
x 2

22. 
2
x 9

23. 
2
x 6

24. 
2
x 3

25. 
9
x 2

26. 
2
x 4

27. 
2
x 5

28. 
2
x 8

29. 
6
x 2

30. 
2
x 2

31. 
1
x 2

32. 
7
x 2

33. 
5
x 2

34. 
2
x 0

35. 
9
x 2

36. 
2
x 5

37. 
4
x 2

38. 
3
x 2

39. 
2
x 9

40. 
3
x 2

41. 
2
x 1

42. 
2
x 8

43. 
5
x 2

44. 
2
x 6

45. 
2
x 9

46. 
2
x 6

47. 
8
x 2

48. 
2
x 2

49. 
2
x 1

50. 
0
x 2

51. 
2
x 5

52. 
2
x 8

53. 
2
x 4

54. 
2
x 8

55. 
2
x 9

56. 
4
x 2

57. 
2
x 5

58. 
2
x 2

59. 
2
x 7

60. 
4
x 2

Name: _____

Score: /60

Time: :

| | | | | | |
|---|---|---|---|---|---|
| 1. 2<br>x 7 | 2. 2<br>x 2 | 3. 2<br>x 4 | 4. 2<br>x 5 | 5. 3<br>x 2 | 6. 1<br>x 2 |
| 7. 8<br>x 2 | 8. 5<br>x 2 | 9. 2<br>x 7 | 10. 2<br>x 9 | 11. 2<br>x 4 | 12. 2<br>x 0 |
| 13. 2<br>x 7 | 14. 2<br>x 9 | 15. 3<br>x 2 | 16. 2<br>x 9 | 17. 6<br>x 2 | 18. 2<br>x 1 |
| 19. 6<br>x 2 | 20. 3<br>x 2 | 21. 2<br>x 2 | 22. 2<br>x 4 | 23. 2<br>x 5 | 24. 2<br>x 3 |
| 25. 9<br>x 2 | 26. 2<br>x 4 | 27. 2<br>x 5 | 28. 2<br>x 8 | 29. 5<br>x 2 | 30. 2<br>x 2 |
| 31. 2<br>x 4 | 32. 1<br>x 2 | 33. 5<br>x 2 | 34. 0<br>x 2 | 35. 9<br>x 2 | 36. 2<br>x 8 |
| 37. 4<br>x 2 | 38. 3<br>x 2 | 39. 2<br>x 9 | 40. 8<br>x 2 | 41. 2<br>x 1 | 42. 2<br>x 4 |
| 43. 0<br>x 2 | 44. 2<br>x 3 | 45. 2<br>x 9 | 46. 2<br>x 2 | 47. 8<br>x 2 | 48. 6<br>x 2 |
| 49. 7<br>x 2 | 50. 4<br>x 2 | 51. 2<br>x 5 | 52. 2<br>x 3 | 53. 2<br>x 7 | 54. 2<br>x 1 |
| 55. 2<br>x 5 | 56. 6<br>x 2 | 57. 2<br>x 9 | 58. 8<br>x 2 | 59. 2<br>x 7 | 60. 2<br>x 5 |

Name: _____

Score: /60    Time: :

| | | | | | |
|---|---|---|---|---|---|
| 1. 7 × 2 | 2. 2 × 6 | 3. 2 × 2 | 4. 2 × 5 | 5. 2 × 0 | 6. 6 × 2 |
| 7. 2 × 3 | 8. 5 × 2 | 9. 8 × 2 | 10. 2 × 9 | 11. 2 × 4 | 12. 2 × 0 |
| 13. 1 × 2 | 14. 2 × 7 | 15. 3 × 2 | 16. 2 × 9 | 17. 5 × 2 | 18. 2 × 9 |
| 19. 6 × 2 | 20. 3 × 2 | 21. 2 × 2 | 22. 2 × 6 | 23. 2 × 8 | 24. 2 × 3 |
| 25. 5 × 2 | 26. 2 × 4 | 27. 2 × 9 | 28. 2 × 8 | 29. 5 × 2 | 30. 3 × 2 |
| 31. 2 × 4 | 32. 0 × 2 | 33. 5 × 2 | 34. 2 × 1 | 35. 9 × 2 | 36. 2 × 5 |
| 37. 6 × 2 | 38. 2 × 2 | 39. 2 × 7 | 40. 4 × 2 | 41. 2 × 1 | 42. 2 × 8 |
| 43. 5 × 2 | 44. 2 × 6 | 45. 2 × 9 | 46. 2 × 2 | 47. 8 × 2 | 48. 6 × 2 |
| 49. 4 × 2 | 50. 7 × 2 | 51. 2 × 5 | 52. 2 × 2 | 53. 2 × 9 | 54. 2 × 1 |
| 55. 2 × 8 | 56. 4 × 2 | 57. 2 × 9 | 58. 3 × 2 | 59. 2 × 5 | 60. 7 × 2 |

Name: _____

Score: /60

Time: :

1. 7 x 3
2. 3 x 3
3. 3 x 4
4. 3 x 5
5. 3 x 6
6. 3 x 1

7. 3 x 9
8. 5 x 3
9. 6 x 3
10. 3 x 7
11. 3 x 4
12. 3 x 8

13. 7 x 3
14. 3 x 4
15. 9 x 3
16. 3 x 0
17. 6 x 3
18. 3 x 7

19. 3 x 8
20. 3 x 3
21. 5 x 3
22. 3 x 8
23. 3 x 0
24. 3 x 9

25. 5 x 3
26. 3 x 4
27. 3 x 3
28. 1 x 3
29. 5 x 3
30. 8 x 3

31. 2 x 3
32. 7 x 3
33. 5 x 3
34. 3 x 4
35. 9 x 3
36. 3 x 6

37. 1 x 3
38. 3 x 3
39. 3 x 7
40. 5 x 3
41. 3 x 4
42. 3 x 9

43. 6 x 3
44. 3 x 5
45. 3 x 9
46. 2 x 3
47. 8 x 3
48. 3 x 1

49. 4 x 3
50. 1 x 3
51. 3 x 5
52. 3 x 6
53. 0 x 3
54. 3 x 3

55. 9 x 3
56. 8 x 3
57. 3 x 2
58. 3 x 4
59. 3 x 3
60. 6 x 3

Name: _____

Score: /60

Time: :

| | | | | | |
|---|---|---|---|---|---|
| 1. 3 x 5 | 2. 7 x 3 | 3. 3 x 2 | 4. 3 x 3 | 5. 6 x 3 | 6. 5 x 3 |
| 7. 3 x 7 | 8. 5 x 3 | 9. 6 x 3 | 10. 3 x 9 | 11. 3 x 4 | 12. 3 x 8 |
| 13. 7 x 3 | 14. 3 x 4 | 15. 9 x 3 | 16. 3 x 3 | 17. 6 x 3 | 18. 3 x 7 |
| 19. 3 x 8 | 20. 3 x 0 | 21. 5 x 3 | 22. 3 x 8 | 23. 3 x 0 | 24. 3 x 9 |
| 25. 3 x 3 | 26. 3 x 4 | 27. 5 x 3 | 28. 1 x 3 | 29. 6 x 3 | 30. 8 x 3 |
| 31. 3 x 2 | 32. 7 x 3 | 33. 5 x 3 | 34. 3 x 4 | 35. 9 x 3 | 36. 3 x 5 |
| 37. 1 x 3 | 38. 3 x 3 | 39. 3 x 7 | 40. 5 x 3 | 41. 3 x 4 | 42. 3 x 9 |
| 43. 6 x 3 | 44. 3 x 5 | 45. 3 x 9 | 46. 3 x 2 | 47. 8 x 3 | 48. 3 x 1 |
| 49. 4 x 3 | 50. 1 x 3 | 51. 3 x 5 | 52. 3 x 6 | 53. 0 x 3 | 54. 3 x 3 |
| 55. 9 x 3 | 56. 8 x 3 | 57. 2 x 3 | 58. 3 x 4 | 59. 3 x 3 | 60. 6 x 3 |

# Day 14
## Multiplying 3's

Name: _____  Score: /60  Time: :

1. 3
x 3

2. 2
x 3

3. 5
x 3

4. 0
x 3

5. 3
x 4

6. 3
x 6

7. 3
x 9

8. 5
x 3

9. 6
x 3

10. 3
x 9

11. 3
x 5

12. 3
x 1

13. 7
x 3

14. 0
x 3

15. 5
x 3

16. 3
x 8

17. 6
x 3

18. 3
x 7

19. 3
x 3

20. 4
x 3

21. 3
x 2

22. 3
x 9

23. 0
x 3

24. 3
x 7

25. 5
x 3

26. 3
x 4

27. 3
x 3

28. 3
x 0

29. 6
x 3

30. 8
x 3

31. 3
x 8

32. 7
x 3

33. 4
x 3

34. 3
x 1

35. 9
x 3

36. 3
x 5

37. 3
x 4

38. 3
x 3

39. 3
x 7

40. 5
x 3

41. 3
x 4

42. 3
x 8

43. 5
x 3

44. 3
x 6

45. 3
x 9

46. 3
x 3

47. 6
x 3

48. 3
x 2

49. 9
x 3

50. 1
x 3

51. 3
x 2

52. 3
x 8

53. 1
x 3

54. 3
x 3

55. 3
x 7

56. 4
x 3

57. 3
x 5

58. 5
x 3

59. 3
x 8

60. 3
x 6

Name: _____

Score: /60

Time: :

| | | | | | |
|---|---|---|---|---|---|
| 1. 3 x5 | 2. 3 x7 | 3. 3 x9 | 4. 3 x3 | 5. 4 x3 | 6. 5 x3 |
| 7. 3 x9 | 8. 5 x3 | 9. 8 x3 | 10. 3 x0 | 11. 3 x6 | 12. 1 x3 |
| 13. 7 x3 | 14. 3 x4 | 15. 9 x3 | 16. 3 x7 | 17. 6 x3 | 18. 3 x7 |
| 19. 8 x3 | 20. 3 x3 | 21. 2 x3 | 22. 3 x9 | 23. 0 x3 | 24. 3 x9 |
| 25. 3 x2 | 26. 3 x4 | 27. 2 x3 | 28. 3 x5 | 29. 6 x3 | 30. 8 x3 |
| 31. 1 x3 | 32. 7 x3 | 33. 5 x3 | 34. 0 x3 | 35. 9 x3 | 36. 3 x6 |
| 37. 4 x3 | 38. 3 x3 | 39. 3 x7 | 40. 2 x3 | 41. 3 x4 | 42. 3 x8 |
| 43. 5 x3 | 44. 3 x3 | 45. 3 x9 | 46. 6 x3 | 47. 3 x5 | 48. 8 x3 |
| 49. 1 x3 | 50. 3 x6 | 51. 3 x5 | 52. 3 x8 | 53. 3 x0 | 54. 3 x3 |
| 55. 5 x3 | 56. 4 x3 | 57. 3 x9 | 58. 3 x4 | 59. 3 x3 | 60. 3 x5 |

# Day 16
## Multiplying 3's

| | | | | | |
|---|---|---|---|---|---|
| 1. 3 ×7 | 2. 2 ×3 | 3. 3 ×3 | 4. 3 ×6 | 5. 7 ×3 | 6. 5 ×3 |
| 7. 3 ×0 | 8. 5 ×3 | 9. 8 ×3 | 10. 3 ×9 | 11. 3 ×4 | 12. 3 ×7 |
| 13. 6 ×3 | 14. 3 ×4 | 15. 3 ×3 | 16. 3 ×7 | 17. 6 ×3 | 18. 3 ×1 |
| 19. 5 ×3 | 20. 6 ×3 | 21. 3 ×2 | 22. 3 ×9 | 23. 3 ×3 | 24. 2 ×3 |
| 25. 9 ×3 | 26. 3 ×4 | 27. 3 ×5 | 28. 3 ×8 | 29. 6 ×3 | 30. 2 ×3 |
| 31. 1 ×3 | 32. 7 ×3 | 33. 5 ×3 | 34. 3 ×0 | 35. 9 ×3 | 36. 3 ×5 |
| 37. 4 ×3 | 38. 3 ×2 | 39. 9 ×3 | 40. 3 ×3 | 41. 3 ×1 | 42. 3 ×8 |
| 43. 5 ×3 | 44. 3 ×6 | 45. 3 ×9 | 46. 3 ×6 | 47. 8 ×3 | 48. 3 ×2 |
| 49. 3 ×1 | 50. 0 ×3 | 51. 3 ×5 | 52. 3 ×8 | 53. 3 ×4 | 54. 3 ×8 |
| 55. 3 ×9 | 56. 4 ×3 | 57. 3 ×5 | 58. 2 ×3 | 59. 3 ×7 | 60. 4 ×3 |

Name: _____

Score: /60

Time: :

1. 6
x 3

2. 3
x 8

3. 3
x 5

4. 1
x 3

5. 4
x 3

6. 8
x 3

7. 3
x 7

8. 5
x 3

9. 8
x 3

10. 3
x 9

11. 3
x 4

12. 3
x 2

13. 6
x 3

14. 3
x 4

15. 3
x 3

16. 3
x 7

17. 6
x 3

18. 3
x 7

19. 5
x 3

20. 3
x 9

21. 3
x 2

22. 3
x 7

23. 3
x 6

24. 2
x 3

25. 3
x 3

26. 3
x 4

27. 3
x 5

28. 3
x 8

29. 6
x 3

30. 0
x 3

31. 1
x 3

32. 7
x 3

33. 5
x 3

34. 3
x 0

35. 9
x 3

36. 3
x 5

37. 4
x 3

38. 3
x 3

39. 3
x 9

40. 3
x 2

41. 3
x 1

42. 3
x 8

43. 5
x 3

44. 3
x 6

45. 3
x 9

46. 0
x 3

47. 8
x 3

48. 2
x 3

49. 3
x 1

50. 6
x 3

51. 3
x 5

52. 3
x 8

53. 3
x 4

54. 5
x 3

55. 3
x 9

56. 4
x 3

57. 3
x 5

58. 3
x 2

59. 3
x 7

60. 8
x 3

# Day 18
## Multiplying 3's

Name: _____

Score: /60

Time: :

| | | |
|---|---|---|
| 1. 3<br>x 8 | 2. 1<br>x 3 | 3. 3<br>x 9 |
| 4. 6<br>x 3 | 5. 3<br>x 7 | 6. 8<br>x 3 |

| | | |
|---|---|---|
| 7. 3<br>x 2 | 8. 5<br>x 3 | 9. 0<br>x 3 |
| 10. 3<br>x 9 | 11. 3<br>x 4 | 12. 1<br>x 3 |

| | | |
|---|---|---|
| 13. 3<br>x 7 | 14. 3<br>x 3 | 15. 3<br>x 9 |
| 16. 3<br>x 4 | 17. 6<br>x 3 | 18. 2<br>x 3 |

| | | |
|---|---|---|
| 19. 6<br>x 3 | 20. 3<br>x 3 | 21. 2<br>x 3 |
| 22. 3<br>x 4 | 23. 3<br>x 5 | 24. 3<br>x 3 |

| | | |
|---|---|---|
| 25. 9<br>x 3 | 26. 3<br>x 4 | 27. 3<br>x 5 |
| 28. 3<br>x 8 | 29. 5<br>x 3 | 30. 3<br>x 2 |

| | | |
|---|---|---|
| 31. 3<br>x 4 | 32. 1<br>x 3 | 33. 5<br>x 3 |
| 34. 0<br>x 3 | 35. 9<br>x 3 | 36. 3<br>x 8 |

| | | |
|---|---|---|
| 37. 4<br>x 3 | 38. 3<br>x 3 | 39. 3<br>x 9 |
| 40. 8<br>x 3 | 41. 3<br>x 1 | 42. 3<br>x 4 |

| | | |
|---|---|---|
| 43. 0<br>x 3 | 44. 3<br>x 3 | 45. 3<br>x 9 |
| 46. 2<br>x 3 | 47. 8<br>x 3 | 48. 6<br>x 3 |

| | | |
|---|---|---|
| 49. 7<br>x 3 | 50. 4<br>x 3 | 51. 3<br>x 5 |
| 52. 3<br>x 3 | 53. 3<br>x 7 | 54. 3<br>x 1 |

| | | |
|---|---|---|
| 55. 3<br>x 5 | 56. 6<br>x 3 | 57. 3<br>x 9 |
| 58. 8<br>x 3 | 59. 3<br>x 7 | 60. 3<br>x 5 |

Name: _____

Score: /60

Time: :

| | | |
|---|---|---|
| 1. 4<br>x 0 | 2. 6<br>x 4 | 3. 4<br>x 2 |
| 4. 4<br>x 9 | 5. 4<br>x 4 | 6. 4<br>x 5 |

| | | |
|---|---|---|
| 7. 2<br>x 4 | 8. 5<br>x 4 | 9. 8<br>x 4 |
| 10. 4<br>x 9 | 11. 4<br>x 4 | 12. 0<br>x 4 |

| | | |
|---|---|---|
| 13. 1<br>x 4 | 14. 4<br>x 7 | 15. 3<br>x 4 |
| 16. 4<br>x 9 | 17. 5<br>x 4 | 18. 2<br>x 4 |

| | | |
|---|---|---|
| 19. 6<br>x 4 | 20. 3<br>x 4 | 21. 4<br>x 2 |
| 22. 4<br>x 6 | 23. 4<br>x 8 | 24. 4<br>x 3 |

| | | |
|---|---|---|
| 25. 5<br>x 4 | 26. 4<br>x 4 | 27. 4<br>x 9 |
| 28. 4<br>x 8 | 29. 5<br>x 4 | 30. 3<br>x 4 |

| | | |
|---|---|---|
| 31. 4<br>x 4 | 32. 0<br>x 4 | 33. 5<br>x 4 |
| 34. 4<br>x 1 | 35. 9<br>x 4 | 36. 4<br>x 5 |

| | | |
|---|---|---|
| 37. 6<br>x 4 | 38. 4<br>x 2 | 39. 4<br>x 7 |
| 40. 4<br>x 4 | 41. 4<br>x 1 | 42. 4<br>x 8 |

| | | |
|---|---|---|
| 43. 5<br>x 4 | 44. 4<br>x 6 | 45. 4<br>x 9 |
| 46. 2<br>x 4 | 47. 8<br>x 4 | 48. 6<br>x 4 |

| | | |
|---|---|---|
| 49. 4<br>x 4 | 50. 7<br>x 4 | 51. 4<br>x 5 |
| 52. 4<br>x 2 | 53. 4<br>x 9 | 54. 4<br>x 1 |

| | | |
|---|---|---|
| 55. 4<br>x 8 | 56. 4<br>x 2 | 57. 4<br>x 9 |
| 58. 3<br>x 4 | 59. 4<br>x 5 | 60. 7<br>x 4 |

Name: _____

Score: /60

Time: __:__

| | | | | | |
|---|---|---|---|---|---|
| 1. 4 x6 | 2. 4 x1 | 3. 2 x4 | 4. 4 x9 | 5. 4 x2 | 6. 7 x4 |
| 7. 4 x9 | 8. 5 x4 | 9. 6 x4 | 10. 4 x7 | 11. 8 x4 | 12. 4 x4 |
| 13. 7 x4 | 14. 4 x4 | 15. 9 x4 | 16. 4 x0 | 17. 6 x4 | 18. 4 x7 |
| 19. 4 x8 | 20. 3 x4 | 21. 5 x4 | 22. 4 x8 | 23. 4 x0 | 24. 4 x9 |
| 25. 5 x4 | 26. 1 x4 | 27. 4 x3 | 28. 4 x4 | 29. 5 x4 | 30. 8 x4 |
| 31. 2 x4 | 32. 7 x4 | 33. 5 x4 | 34. 9 x4 | 35. 4 x4 | 36. 4 x6 |
| 37. 1 x4 | 38. 4 x3 | 39. 4 x7 | 40. 5 x4 | 41. 4 x4 | 42. 4 x9 |
| 43. 6 x4 | 44. 0 x4 | 45. 4 x9 | 46. 2 x4 | 47. 8 x4 | 48. 4 x1 |
| 49. 4 x5 | 50. 1 x4 | 51. 4 x4 | 52. 4 x6 | 53. 4 x9 | 54. 4 x3 |
| 55. 9 x4 | 56. 8 x4 | 57. 4 x2 | 58. 4 x4 | 59. 4 x3 | 60. 6 x4 |

Name: _____

Score: /60    Time: :

| | | | | | |
|---|---|---|---|---|---|
| 1. 4<br>x 9 | 2. 4<br>x 6 | 3. 4<br>x 7 | 4. 4<br>x 5 | 5. 3<br>x 4 | 6. 6<br>x 4 |
| 7. 4<br>x 7 | 8. 5<br>x 4 | 9. 6<br>x 4 | 10. 4<br>x 9 | 11. 3<br>x 4 | 12. 4<br>x 8 |
| 13. 5<br>x 4 | 14. 3<br>x 4 | 15. 9<br>x 4 | 16. 4<br>x 4 | 17. 6<br>x 4 | 18. 4<br>x 7 |
| 19. 4<br>x 8 | 20. 4<br>x 3 | 21. 7<br>x 4 | 22. 4<br>x 8 | 23. 4<br>x 2 | 24. 4<br>x 9 |
| 25. 4<br>x 0 | 26. 3<br>x 4 | 27. 5<br>x 4 | 28. 1<br>x 4 | 29. 6<br>x 4 | 30. 8<br>x 4 |
| 31. 4<br>x 2 | 32. 7<br>x 4 | 33. 5<br>x 4 | 34. 4<br>x 4 | 35. 9<br>x 4 | 36. 4<br>x 5 |
| 37. 1<br>x 4 | 38. 0<br>x 4 | 39. 4<br>x 7 | 40. 5<br>x 4 | 41. 8<br>x 4 | 42. 4<br>x 9 |
| 43. 6<br>x 4 | 44. 4<br>x 5 | 45. 4<br>x 9 | 46. 4<br>x 2 | 47. 4<br>x 4 | 48. 4<br>x 1 |
| 49. 4<br>x 3 | 50. 1<br>x 4 | 51. 4<br>x 5 | 52. 4<br>x 6 | 53. 0<br>x 4 | 54. 3<br>x 4 |
| 55. 9<br>x 4 | 56. 8<br>x 4 | 57. 2<br>x 4 | 58. 4<br>x 5 | 59. 4<br>x 3 | 60. 6<br>x 4 |

Name: _____

Score: /60

Time: :

1. 1
x 4

2. 4
x 7

3. 2
x 4

4. 4
x 8

5. 9
x 4

6. 4
x 3

7. 4
x 9

8. 5
x 4

9. 6
x 4

10. 4
x 9

11. 4
x 5

12. 4
x 1

13. 7
x 4

14. 0
x 4

15. 5
x 4

16. 4
x 8

17. 6
x 4

18. 4
x 7

19. 4
x 3

20. 4
x 0

21. 4
x 2

22. 4
x 7

23. 4
x 4

24. 9
x 4

25. 5
x 4

26. 3
x 4

27. 4
x 2

28. 4
x 7

29. 6
x 4

30. 1
x 4

31. 4
x 8

32. 7
x 4

33. 4
x 4

34. 4
x 1

35. 9
x 4

36. 4
x 5

37. 4
x 7

38. 4
x 3

39. 4
x 7

40. 5
x 4

41. 4
x 8

42. 4
x 4

43. 5
x 4

44. 4
x 6

45. 4
x 9

46. 3
x 4

47. 6
x 4

48. 4
x 2

49. 9
x 4

50. 1
x 4

51. 4
x 2

52. 4
x 8

53. 1
x 4

54. 4
x 3

55. 3
x 4

56. 4
x 8

57. 4
x 5

58. 6
x 4

59. 3
x 4

60. 8
x 4

Name: _____

Score: /60

Time: :

1.  6
    x 4

2.  4
    x 8

3.  4
    x 6

4.  1
    x 4

5.  4
    x 3

6.  4
    x 4

7.  4
    x 0

8.  5
    x 4

9.  8
    x 4

10. 4
    x 9

11. 4
    x 6

12. 1
    x 4

13. 4
    x 4

14. 7
    x 4

15. 9
    x 4

16. 4
    x 7

17. 6
    x 4

18. 4
    x 2

19. 8
    x 4

20. 3
    x 4

21. 2
    x 4

22. 4
    x 9

23. 4
    x 3

24. 4
    x 0

25. 4
    x 2

26. 3
    x 4

27. 2
    x 4

28. 4
    x 5

29. 6
    x 4

30. 8
    x 4

31. 1
    x 4

32. 7
    x 4

33. 5
    x 4

34. 4
    x 3

35. 4
    x 4

36. 4
    x 6

37. 4
    x 3

38. 0
    x 4

39. 4
    x 7

40. 2
    x 4

41. 9
    x 4

42. 4
    x 8

43. 5
    x 4

44. 4
    x 3

45. 4
    x 9

46. 6
    x 4

47. 4
    x 5

48. 8
    x 4

49. 1
    x 4

50. 4
    x 0

51. 4
    x 5

52. 8
    x 4

53. 4
    x 6

54. 3
    x 4

55. 5
    x 4

56. 4
    x 7

57. 4
    x 9

58. 3
    x 4

59. 4
    x 4

60. 4
    x 5

# ⏱ Day 24
## Multiplying 4's

Name: _____  Score: /60   Time: :

| | | | | | |
|---|---|---|---|---|---|
| 1.    4 <br> x 7 | 2.    8 <br> x 4 | 3.    4 <br> x 2 | 4.    9 <br> x 4 | 5.    3 <br> x 4 | 6.    4 <br> x 6 |
| 7.    3 <br> x 4 | 8.    5 <br> x 4 | 9.    8 <br> x 4 | 10.   4 <br> x 9 | 11.   4 <br> x 4 | 12.   4 <br> x 2 |
| 13.   6 <br> x 4 | 14.   4 <br> x 4 | 15.   3 <br> x 4 | 16.   4 <br> x 7 | 17.   6 <br> x 4 | 18.   4 <br> x 7 |
| 19.   5 <br> x 4 | 20.   4 <br> x 9 | 21.   4 <br> x 2 | 22.   4 <br> x 7 | 23.   4 <br> x 6 | 24.   2 <br> x 4 |
| 25.   4 <br> x 4 | 26.   3 <br> x 4 | 27.   4 <br> x 5 | 28.   4 <br> x 8 | 29.   6 <br> x 4 | 30.   4 <br> x 1 |
| 31.   4 <br> x 3 | 32.   7 <br> x 4 | 33.   5 <br> x 4 | 34.   2 <br> x 4 | 35.   9 <br> x 4 | 36.   4 <br> x 0 |
| 37.   4 <br> x 6 | 38.   3 <br> x 4 | 39.   4 <br> x 9 | 40.   4 <br> x 2 | 41.   4 <br> x 1 | 42.   4 <br> x 8 |
| 43.   5 <br> x 4 | 44.   4 <br> x 6 | 45.   4 <br> x 9 | 46.   0 <br> x 4 | 47.   8 <br> x 4 | 48.   2 <br> x 4 |
| 49.   4 <br> x 1 | 50.   6 <br> x 4 | 51.   4 <br> x 5 | 52.   4 <br> x 8 | 53.   4 <br> x 4 | 54.   5 <br> x 4 |
| 55.   4 <br> x 9 | 56.   4 <br> x 4 | 57.   4 <br> x 5 | 58.   4 <br> x 2 | 59.   4 <br> x 7 | 60.   8 <br> x 4 |

Name: _____

Score: /60

Time: :

| | | | | | |
|---|---|---|---|---|---|
| 1. 7<br>x 4 | 2. 4<br>x 1 | 3. 5<br>x 4 | 4. 4<br>x 2 | 5. 4<br>x 0 | 6. 4<br>x 5 |
| 7. 4<br>x 2 | 8. 5<br>x 4 | 9. 0<br>x 4 | 10. 4<br>x 9 | 11. 4<br>x 4 | 12. 1<br>x 4 |
| 13. 4<br>x 7 | 14. 3<br>x 4 | 15. 4<br>x 9 | 16. 4<br>x 4 | 17. 6<br>x 4 | 18. 2<br>x 4 |
| 19. 6<br>x 4 | 20. 4<br>x 4 | 21. 2<br>x 4 | 22. 3<br>x 4 | 23. 4<br>x 5 | 24. 4<br>x 3 |
| 25. 9<br>x 4 | 26. 3<br>x 4 | 27. 4<br>x 5 | 28. 4<br>x 8 | 29. 5<br>x 4 | 30. 4<br>x 2 |
| 31. 4<br>x 4 | 32. 0<br>x 4 | 33. 5<br>x 4 | 34. 1<br>x 4 | 35. 9<br>x 4 | 36. 4<br>x 8 |
| 37. 7<br>x 4 | 38. 6<br>x 4 | 39. 4<br>x 9 | 40. 8<br>x 4 | 41. 4<br>x 1 | 42. 4<br>x 4 |
| 43. 4<br>x 3 | 44. 4<br>x 5 | 45. 4<br>x 9 | 46. 2<br>x 4 | 47. 8<br>x 4 | 48. 6<br>x 4 |
| 49. 7<br>x 4 | 50. 4<br>x 3 | 51. 4<br>x 5 | 52. 4<br>x 4 | 53. 4<br>x 7 | 54. 4<br>x 1 |
| 55. 4<br>x 5 | 56. 6<br>x 4 | 57. 4<br>x 9 | 58. 8<br>x 4 | 59. 4<br>x 7 | 60. 4<br>x 5 |

Name: _____

Score: /60

Time: :

| | | | | | |
|---|---|---|---|---|---|
| 1. 5 x 0 | 2. 5 x 5 | 3. 5 x 8 | 4. 2 x 5 | 5. 9 x 5 | 6. 8 x 5 |
| 7. 2 x 5 | 8. 7 x 5 | 9. 5 x 5 | 10. 5 x 9 | 11. 4 x 5 | 12. 6 x 5 |
| 13. 1 x 5 | 14. 5 x 7 | 15. 0 x 5 | 16. 5 x 9 | 17. 5 x 5 | 18. 2 x 5 |
| 19. 6 x 5 | 20. 3 x 5 | 21. 5 x 2 | 22. 5 x 6 | 23. 5 x 8 | 24. 5 x 3 |
| 25. 5 x 5 | 26. 5 x 4 | 27. 5 x 9 | 28. 5 x 8 | 29. 5 x 5 | 30. 3 x 5 |
| 31. 4 x 5 | 32. 0 x 5 | 33. 5 x 5 | 34. 5 x 1 | 35. 9 x 5 | 36. 5 x 5 |
| 37. 6 x 5 | 38. 5 x 2 | 39. 5 x 7 | 40. 4 x 5 | 41. 5 x 1 | 42. 5 x 8 |
| 43. 5 x 5 | 44. 5 x 6 | 45. 5 x 9 | 46. 2 x 5 | 47. 8 x 5 | 48. 6 x 5 |
| 49. 5 x 4 | 50. 7 x 5 | 51. 3 x 5 | 52. 5 x 2 | 53. 5 x 9 | 54. 5 x 1 |
| 55. 5 x 8 | 56. 5 x 2 | 57. 5 x 9 | 58. 3 x 5 | 59. 5 x 5 | 60. 7 x 5 |

Name: _____

Score: /60

Time: :

| | | | | | |
|---|---|---|---|---|---|
| 1. 5 x 2 | 2. 5 x 8 | 3. 6 x 5 | 4. 5 x 9 | 5. 3 x 5 | 6. 4 x 5 |
| 7. 5 x 9 | 8. 5 x 4 | 9. 8 x 5 | 10. 5 x 7 | 11. 6 x 5 | 12. 5 x 4 |
| 13. 7 x 5 | 14. 5 x 4 | 15. 9 x 5 | 16. 5 x 0 | 17. 6 x 5 | 18. 5 x 7 |
| 19. 5 x 8 | 20. 3 x 5 | 21. 5 x 8 | 22. 4 x 5 | 23. 5 x 1 | 24. 5 x 5 |
| 25. 5 x 0 | 26. 1 x 5 | 27. 5 x 3 | 28. 5 x 4 | 29. 5 x 6 | 30. 8 x 5 |
| 31. 2 x 5 | 32. 7 x 5 | 33. 5 x 3 | 34. 9 x 5 | 35. 5 x 4 | 36. 5 x 6 |
| 37. 1 x 5 | 38. 5 x 5 | 39. 5 x 7 | 40. 5 x 2 | 41. 5 x 4 | 42. 5 x 9 |
| 43. 6 x 5 | 44. 5 x 7 | 45. 5 x 9 | 46. 2 x 5 | 47. 8 x 5 | 48. 5 x 1 |
| 49. 4 x 5 | 50. 1 x 5 | 51. 5 x 5 | 52. 5 x 6 | 53. 5 x 9 | 54. 5 x 3 |
| 55. 9 x 5 | 56. 5 x 0 | 57. 5 x 2 | 58. 5 x 4 | 59. 5 x 3 | 60. 6 x 5 |

Name: _____

Score: /60

Time: :

1.  3
    x 5

2.  8
    x 5

3.  7
    x 5

4.  5
    x 5

5.  2
    x 5

6.  5
    x 4

7.  5
    x 8

8.  6
    x 5

9.  7
    x 5

10. 5
    x 9

11. 3
    x 5

12. 5
    x 2

13. 5
    x 9

14. 3
    x 5

15. 7
    x 5

16. 5
    x 5

17. 6
    x 5

18. 4
    x 5

19. 5
    x 3

20. 4
    x 5

21. 7
    x 5

22. 5
    x 8

23. 5
    x 2

24. 5
    x 9

25. 5
    x 2

26. 3
    x 5

27. 5
    x 5

28. 1
    x 5

29. 6
    x 5

30. 8
    x 5

31. 5
    x 4

32. 7
    x 5

33. 5
    x 1

34. 5
    x 4

35. 9
    x 5

36. 0
    x 5

37. 1
    x 5

38. 5
    x 5

39. 5
    x 7

40. 5
    x 4

41. 8
    x 5

42. 5
    x 9

43. 6
    x 5

44. 5
    x 9

45. 5
    x 5

46. 5
    x 2

47. 4
    x 5

48. 5
    x 1

49. 5
    x 3

50. 1
    x 5

51. 4
    x 5

52. 5
    x 6

53. 9
    x 5

54. 3
    x 5

55. 6
    x 5

56. 8
    x 5

57. 2
    x 5

58. 7
    x 5

59. 5
    x 3

60. 0
    x 5

Name: _____

Score: /60

Time: :

| | | | | | |
|---|---|---|---|---|---|
| 1. $\begin{array}{r} 5 \\ \times 5 \\ \hline \end{array}$ | 2. $\begin{array}{r} 5 \\ \times 7 \\ \hline \end{array}$ | 3. $\begin{array}{r} 5 \\ \times 1 \\ \hline \end{array}$ | 4. $\begin{array}{r} 2 \\ \times 5 \\ \hline \end{array}$ | 5. $\begin{array}{r} 3 \\ \times 5 \\ \hline \end{array}$ | 6. $\begin{array}{r} 5 \\ \times 6 \\ \hline \end{array}$ |
| 7. $\begin{array}{r} 5 \\ \times 4 \\ \hline \end{array}$ | 8. $\begin{array}{r} 5 \\ \times 1 \\ \hline \end{array}$ | 9. $\begin{array}{r} 6 \\ \times 5 \\ \hline \end{array}$ | 10. $\begin{array}{r} 5 \\ \times 9 \\ \hline \end{array}$ | 11. $\begin{array}{r} 4 \\ \times 5 \\ \hline \end{array}$ | 12. $\begin{array}{r} 5 \\ \times 3 \\ \hline \end{array}$ |
| 13. $\begin{array}{r} 7 \\ \times 5 \\ \hline \end{array}$ | 14. $\begin{array}{r} 5 \\ \times 2 \\ \hline \end{array}$ | 15. $\begin{array}{r} 5 \\ \times 4 \\ \hline \end{array}$ | 16. $\begin{array}{r} 5 \\ \times 8 \\ \hline \end{array}$ | 17. $\begin{array}{r} 0 \\ \times 5 \\ \hline \end{array}$ | 18. $\begin{array}{r} 5 \\ \times 7 \\ \hline \end{array}$ |
| 19. $\begin{array}{r} 6 \\ \times 5 \\ \hline \end{array}$ | 20. $\begin{array}{r} 4 \\ \times 5 \\ \hline \end{array}$ | 21. $\begin{array}{r} 5 \\ \times 2 \\ \hline \end{array}$ | 22. $\begin{array}{r} 5 \\ \times 7 \\ \hline \end{array}$ | 23. $\begin{array}{r} 9 \\ \times 5 \\ \hline \end{array}$ | 24. $\begin{array}{r} 5 \\ \times 5 \\ \hline \end{array}$ |
| 25. $\begin{array}{r} 5 \\ \times 4 \\ \hline \end{array}$ | 26. $\begin{array}{r} 3 \\ \times 5 \\ \hline \end{array}$ | 27. $\begin{array}{r} 5 \\ \times 2 \\ \hline \end{array}$ | 28. $\begin{array}{r} 5 \\ \times 7 \\ \hline \end{array}$ | 29. $\begin{array}{r} 6 \\ \times 5 \\ \hline \end{array}$ | 30. $\begin{array}{r} 1 \\ \times 5 \\ \hline \end{array}$ |
| 31. $\begin{array}{r} 4 \\ \times 5 \\ \hline \end{array}$ | 32. $\begin{array}{r} 7 \\ \times 5 \\ \hline \end{array}$ | 33. $\begin{array}{r} 5 \\ \times 4 \\ \hline \end{array}$ | 34. $\begin{array}{r} 5 \\ \times 1 \\ \hline \end{array}$ | 35. $\begin{array}{r} 9 \\ \times 5 \\ \hline \end{array}$ | 36. $\begin{array}{r} 7 \\ \times 5 \\ \hline \end{array}$ |
| 37. $\begin{array}{r} 5 \\ \times 5 \\ \hline \end{array}$ | 38. $\begin{array}{r} 5 \\ \times 3 \\ \hline \end{array}$ | 39. $\begin{array}{r} 5 \\ \times 7 \\ \hline \end{array}$ | 40. $\begin{array}{r} 5 \\ \times 6 \\ \hline \end{array}$ | 41. $\begin{array}{r} 5 \\ \times 8 \\ \hline \end{array}$ | 42. $\begin{array}{r} 5 \\ \times 4 \\ \hline \end{array}$ |
| 43. $\begin{array}{r} 5 \\ \times 1 \\ \hline \end{array}$ | 44. $\begin{array}{r} 5 \\ \times 6 \\ \hline \end{array}$ | 45. $\begin{array}{r} 5 \\ \times 9 \\ \hline \end{array}$ | 46. $\begin{array}{r} 3 \\ \times 5 \\ \hline \end{array}$ | 47. $\begin{array}{r} 6 \\ \times 5 \\ \hline \end{array}$ | 48. $\begin{array}{r} 5 \\ \times 2 \\ \hline \end{array}$ |
| 49. $\begin{array}{r} 9 \\ \times 5 \\ \hline \end{array}$ | 50. $\begin{array}{r} 1 \\ \times 5 \\ \hline \end{array}$ | 51. $\begin{array}{r} 5 \\ \times 2 \\ \hline \end{array}$ | 52. $\begin{array}{r} 5 \\ \times 8 \\ \hline \end{array}$ | 53. $\begin{array}{r} 5 \\ \times 5 \\ \hline \end{array}$ | 54. $\begin{array}{r} 5 \\ \times 3 \\ \hline \end{array}$ |
| 55. $\begin{array}{r} 5 \\ \times 1 \\ \hline \end{array}$ | 56. $\begin{array}{r} 5 \\ \times 8 \\ \hline \end{array}$ | 57. $\begin{array}{r} 4 \\ \times 5 \\ \hline \end{array}$ | 58. $\begin{array}{r} 6 \\ \times 5 \\ \hline \end{array}$ | 59. $\begin{array}{r} 3 \\ \times 5 \\ \hline \end{array}$ | 60. $\begin{array}{r} 8 \\ \times 5 \\ \hline \end{array}$ |

Name: _____

Score: /60

Time: :

1. 5
x 3

2. 7
x 5

3. 5
x 8

4. 9
x 5

5. 5
x 0

6. 5
x 7

7. 5
x 0

8. 8
x 5

9. 5
x 5

10. 5
x 9

11. 5
x 6

12. 1
x 5

13. 5
x 4

14. 7
x 5

15. 9
x 5

16. 5
x 7

17. 6
x 5

18. 5
x 2

19. 8
x 5

20. 3
x 5

21. 2
x 5

22. 5
x 9

23. 5
x 3

24. 5
x 0

25. 5
x 2

26. 3
x 5

27. 2
x 5

28. 5
x 5

29. 6
x 5

30. 8
x 5

31. 1
x 5

32. 7
x 5

33. 5
x 5

34. 5
x 3

35. 5
x 4

36. 5
x 6

37. 5
x 3

38. 0
x 5

39. 5
x 7

40. 2
x 5

41. 9
x 5

42. 5
x 8

43. 5
x 3

44. 5
x 5

45. 5
x 9

46. 6
x 5

47. 5
x 5

48. 8
x 5

49. 1
x 5

50. 5
x 0

51. 5
x 5

52. 8
x 5

53. 5
x 6

54. 3
x 5

55. 5
x 5

56. 5
x 3

57. 5
x 9

58. 5
x 7

59. 4
x 5

60. 5
x 5

Name: _____

Score: /60

Time: :

| | | | | | |
|---|---|---|---|---|---|
| 1. 0 <br> x 5 | 2. 5 <br> x 8 | 3. 5 <br> x 2 | 4. 5 <br> x 1 | 5. 2 <br> x 5 | 6. 7 <br> x 5 |
| 7. 3 <br> x 5 | 8. 5 <br> x 2 | 9. 8 <br> x 5 | 10. 4 <br> x 5 | 11. 5 <br> x 9 | 12. 5 <br> x 5 |
| 13. 7 <br> x 5 | 14. 5 <br> x 4 | 15. 3 <br> x 5 | 16. 5 <br> x 9 | 17. 6 <br> x 5 | 18. 5 <br> x 7 |
| 19. 5 <br> x 2 | 20. 5 <br> x 9 | 21. 5 <br> x 4 | 22. 5 <br> x 7 | 23. 5 <br> x 6 | 24. 2 <br> x 5 |
| 25. 5 <br> x 4 | 26. 3 <br> x 5 | 27. 5 <br> x 1 | 28. 5 <br> x 8 | 29. 6 <br> x 5 | 30. 5 <br> x 5 |
| 31. 5 <br> x 3 | 32. 7 <br> x 5 | 33. 5 <br> x 6 | 34. 2 <br> x 5 | 35. 9 <br> x 5 | 36. 5 <br> x 1 |
| 37. 5 <br> x 5 | 38. 3 <br> x 5 | 39. 5 <br> x 9 | 40. 4 <br> x 5 | 41. 5 <br> x 0 | 42. 8 <br> x 5 |
| 43. 5 <br> x 4 | 44. 5 <br> x 6 | 45. 5 <br> x 9 | 46. 0 <br> x 5 | 47. 8 <br> x 5 | 48. 2 <br> x 5 |
| 49. 5 <br> x 1 | 50. 5 <br> x 5 | 51. 6 <br> x 5 | 52. 5 <br> x 8 | 53. 5 <br> x 4 | 54. 5 <br> x 4 |
| 55. 5 <br> x 9 | 56. 5 <br> x 8 | 57. 4 <br> x 5 | 58. 5 <br> x 2 | 59. 5 <br> x 7 | 60. 5 <br> x 5 |

# ⏰ Day 32
## Multiplying 5's

Name: _____

Score: /60

Time: :

1. 5
x 7

2. 5
x 2

3. 1
x 5

4. 4
x 5

5. 5
x 6

6. 5
x 8

7. 1
x 5

8. 7
x 5

9. 5
x 5

10. 5
x 9

11. 4
x 5

12. 6
x 5

13. 2
x 5

14. 5
x 7

15. 0
x 5

16. 5
x 9

17. 5
x 5

18. 2
x 5

19. 4
x 5

20. 3
x 5

21. 5
x 2

22. 5
x 6

23. 5
x 8

24. 5
x 3

25. 5
x 5

26. 5
x 4

27. 5
x 9

28. 5
x 8

29. 5
x 5

30. 4
x 5

31. 6
x 5

32. 0
x 5

33. 5
x 5

34. 5
x 1

35. 9
x 5

36. 5
x 3

37. 6
x 5

38. 5
x 2

39. 5
x 7

40. 4
x 5

41. 5
x 1

42. 5
x 5

43. 5
x 4

44. 5
x 6

45. 5
x 9

46. 2
x 5

47. 8
x 5

48. 6
x 5

49. 5
x 8

50. 7
x 5

51. 3
x 5

52. 5
x 2

53. 5
x 9

54. 5
x 1

55. 5
x 5

56. 5
x 2

57. 5
x 9

58. 3
x 5

59. 5
x 8

60. 7
x 5

# Day 33
**Multiplying 6's**

Name: _____  Score: /60  Time: :

| | | |
|---|---|---|
| 1. $6 \times 4$ | 2. $9 \times 6$ | 3. $6 \times 8$ |

| 4. $6 \times 5$ | 5. $6 \times 6$ | 6. $7 \times 6$ |
|---|---|---|

| 7. $6 \times 2$ | 8. $5 \times 6$ | 9. $0 \times 6$ |
|---|---|---|

| 10. $6 \times 9$ | 11. $6 \times 4$ | 12. $1 \times 6$ |
|---|---|---|

| 13. $6 \times 7$ | 14. $3 \times 6$ | 15. $6 \times 9$ |
|---|---|---|

| 16. $6 \times 4$ | 17. $6 \times 6$ | 18. $2 \times 6$ |
|---|---|---|

| 19. $6 \times 6$ | 20. $6 \times 4$ | 21. $2 \times 6$ |
|---|---|---|

| 22. $3 \times 6$ | 23. $6 \times 5$ | 24. $6 \times 3$ |
|---|---|---|

| 25. $9 \times 6$ | 26. $3 \times 6$ | 27. $6 \times 5$ |
|---|---|---|

| 28. $6 \times 8$ | 29. $5 \times 6$ | 30. $6 \times 2$ |
|---|---|---|

| 31. $4 \times 6$ | 32. $0 \times 6$ | 33. $6 \times 5$ |
|---|---|---|

| 34. $1 \times 6$ | 35. $9 \times 6$ | 36. $6 \times 8$ |
|---|---|---|

| 37. $7 \times 6$ | 38. $6 \times 0$ | 39. $6 \times 9$ |
|---|---|---|

| 40. $8 \times 6$ | 41. $6 \times 1$ | 42. $6 \times 6$ |
|---|---|---|

| 43. $6 \times 3$ | 44. $6 \times 5$ | 45. $6 \times 9$ |
|---|---|---|

| 46. $2 \times 6$ | 47. $8 \times 6$ | 48. $6 \times 6$ |
|---|---|---|

| 49. $7 \times 6$ | 50. $6 \times 3$ | 51. $6 \times 5$ |
|---|---|---|

| 52. $4 \times 6$ | 53. $6 \times 7$ | 54. $6 \times 1$ |
|---|---|---|

| 55. $6 \times 5$ | 56. $6 \times 6$ | 57. $6 \times 9$ |
|---|---|---|

| 58. $8 \times 6$ | 59. $6 \times 7$ | 60. $6 \times 5$ |
|---|---|---|

# Day 34
## Multiplying 6's

Name: _____

Score: /60

Time: :

1. $\begin{array}{r} 6 \\ \times\,6 \\ \hline \end{array}$
2. $\begin{array}{r} 6 \\ \times\,3 \\ \hline \end{array}$
3. $\begin{array}{r} 7 \\ \times\,6 \\ \hline \end{array}$
4. $\begin{array}{r} 6 \\ \times\,8 \\ \hline \end{array}$
5. $\begin{array}{r} 3 \\ \times\,6 \\ \hline \end{array}$
6. $\begin{array}{r} 6 \\ \times\,5 \\ \hline \end{array}$

7. $\begin{array}{r} 6 \\ \times\,9 \\ \hline \end{array}$
8. $\begin{array}{r} 6 \\ \times\,4 \\ \hline \end{array}$
9. $\begin{array}{r} 8 \\ \times\,6 \\ \hline \end{array}$
10. $\begin{array}{r} 6 \\ \times\,7 \\ \hline \end{array}$
11. $\begin{array}{r} 6 \\ \times\,6 \\ \hline \end{array}$
12. $\begin{array}{r} 6 \\ \times\,4 \\ \hline \end{array}$

13. $\begin{array}{r} 7 \\ \times\,6 \\ \hline \end{array}$
14. $\begin{array}{r} 6 \\ \times\,4 \\ \hline \end{array}$
15. $\begin{array}{r} 9 \\ \times\,6 \\ \hline \end{array}$
16. $\begin{array}{r} 6 \\ \times\,0 \\ \hline \end{array}$
17. $\begin{array}{r} 6 \\ \times\,5 \\ \hline \end{array}$
18. $\begin{array}{r} 6 \\ \times\,7 \\ \hline \end{array}$

19. $\begin{array}{r} 6 \\ \times\,6 \\ \hline \end{array}$
20. $\begin{array}{r} 3 \\ \times\,6 \\ \hline \end{array}$
21. $\begin{array}{r} 6 \\ \times\,8 \\ \hline \end{array}$
22. $\begin{array}{r} 6 \\ \times\,5 \\ \hline \end{array}$
23. $\begin{array}{r} 6 \\ \times\,1 \\ \hline \end{array}$
24. $\begin{array}{r} 0 \\ \times\,6 \\ \hline \end{array}$

25. $\begin{array}{r} 5 \\ \times\,6 \\ \hline \end{array}$
26. $\begin{array}{r} 1 \\ \times\,6 \\ \hline \end{array}$
27. $\begin{array}{r} 6 \\ \times\,3 \\ \hline \end{array}$
28. $\begin{array}{r} 6 \\ \times\,4 \\ \hline \end{array}$
29. $\begin{array}{r} 8 \\ \times\,6 \\ \hline \end{array}$
30. $\begin{array}{r} 6 \\ \times\,6 \\ \hline \end{array}$

31. $\begin{array}{r} 2 \\ \times\,6 \\ \hline \end{array}$
32. $\begin{array}{r} 7 \\ \times\,6 \\ \hline \end{array}$
33. $\begin{array}{r} 6 \\ \times\,3 \\ \hline \end{array}$
34. $\begin{array}{r} 9 \\ \times\,6 \\ \hline \end{array}$
35. $\begin{array}{r} 6 \\ \times\,4 \\ \hline \end{array}$
36. $\begin{array}{r} 1 \\ \times\,6 \\ \hline \end{array}$

37. $\begin{array}{r} 6 \\ \times\,6 \\ \hline \end{array}$
38. $\begin{array}{r} 5 \\ \times\,6 \\ \hline \end{array}$
39. $\begin{array}{r} 6 \\ \times\,7 \\ \hline \end{array}$
40. $\begin{array}{r} 6 \\ \times\,2 \\ \hline \end{array}$
41. $\begin{array}{r} 4 \\ \times\,6 \\ \hline \end{array}$
42. $\begin{array}{r} 6 \\ \times\,9 \\ \hline \end{array}$

43. $\begin{array}{r} 6 \\ \times\,8 \\ \hline \end{array}$
44. $\begin{array}{r} 7 \\ \times\,6 \\ \hline \end{array}$
45. $\begin{array}{r} 6 \\ \times\,9 \\ \hline \end{array}$
46. $\begin{array}{r} 2 \\ \times\,6 \\ \hline \end{array}$
47. $\begin{array}{r} 6 \\ \times\,6 \\ \hline \end{array}$
48. $\begin{array}{r} 6 \\ \times\,1 \\ \hline \end{array}$

49. $\begin{array}{r} 4 \\ \times\,6 \\ \hline \end{array}$
50. $\begin{array}{r} 6 \\ \times\,6 \\ \hline \end{array}$
51. $\begin{array}{r} 6 \\ \times\,5 \\ \hline \end{array}$
52. $\begin{array}{r} 1 \\ \times\,6 \\ \hline \end{array}$
53. $\begin{array}{r} 6 \\ \times\,9 \\ \hline \end{array}$
54. $\begin{array}{r} 6 \\ \times\,3 \\ \hline \end{array}$

55. $\begin{array}{r} 6 \\ \times\,6 \\ \hline \end{array}$
56. $\begin{array}{r} 5 \\ \times\,6 \\ \hline \end{array}$
57. $\begin{array}{r} 6 \\ \times\,2 \\ \hline \end{array}$
58. $\begin{array}{r} 6 \\ \times\,4 \\ \hline \end{array}$
59. $\begin{array}{r} 6 \\ \times\,3 \\ \hline \end{array}$
60. $\begin{array}{r} 6 \\ \times\,9 \\ \hline \end{array}$

Name: _____

Score: /60

Time: :

1. 0 x 6
2. 6 x 4
3. 2 x 6
4. 9 x 6
5. 6 x 8
6. 4 x 6

7. 6 x 8
8. 6 x 6
9. 7 x 6
10. 6 x 9
11. 3 x 6
12. 6 x 2

13. 6 x 9
14. 3 x 6
15. 7 x 6
16. 6 x 5
17. 4 x 6
18. 6 x 5

19. 6 x 3
20. 6 x 6
21. 7 x 6
22. 6 x 8
23. 6 x 2
24. 6 x 9

25. 6 x 2
26. 3 x 6
27. 6 x 5
28. 1 x 6
29. 6 x 4
30. 8 x 6

31. 6 x 4
32. 7 x 6
33. 6 x 1
34. 6 x 6
35. 9 x 6
36. 6 x 3

37. 6 x 5
38. 8 x 6
39. 6 x 7
40. 6 x 4
41. 0 x 6
42. 6 x 9

43. 6 x 1
44. 6 x 9
45. 5 x 6
46. 6 x 2
47. 4 x 6
48. 6 x 5

49. 6 x 3
50. 6 x 6
51. 4 x 6
52. 2 x 6
53. 9 x 6
54. 3 x 6

55. 6 x 1
56. 8 x 6
57. 2 x 6
58. 7 x 6
59. 6 x 3
60. 1 x 6

Name: _____

Score: /60

Time: :

| | | | | | |
|---|---|---|---|---|---|
| 1. 7 x 6 | 2. 6 x 3 | 3. 2 x 6 | 4. 6 x 1 | 5. 3 x 6 | 6. 6 x 8 |
| 7. 6 x 4 | 8. 6 x 1 | 9. 6 x 2 | 10. 6 x 9 | 11. 4 x 6 | 12. 6 x 3 |
| 13. 7 x 6 | 14. 6 x 2 | 15. 6 x 4 | 16. 6 x 8 | 17. 0 x 6 | 18. 6 x 7 |
| 19. 6 x 3 | 20. 4 x 6 | 21. 6 x 1 | 22. 6 x 7 | 23. 9 x 6 | 24. 6 x 5 |
| 25. 6 x 4 | 26. 6 x 6 | 27. 6 x 2 | 28. 6 x 7 | 29. 6 x 6 | 30. 1 x 6 |
| 31. 4 x 6 | 32. 7 x 6 | 33. 6 x 4 | 34. 6 x 1 | 35. 9 x 6 | 36. 7 x 6 |
| 37. 6 x 6 | 38. 6 x 3 | 39. 6 x 7 | 40. 5 x 6 | 41. 6 x 8 | 42. 6 x 4 |
| 43. 6 x 1 | 44. 5 x 6 | 45. 6 x 9 | 46. 3 x 6 | 47. 6 x 2 | 48. 6 x 6 |
| 49. 9 x 6 | 50. 1 x 6 | 51. 6 x 2 | 52. 6 x 8 | 53. 5 x 6 | 54. 6 x 3 |
| 55. 6 x 1 | 56. 5 x 6 | 57. 4 x 6 | 58. 6 x 8 | 59. 3 x 6 | 60. 8 x 6 |

# Day 37
## Multiplying 6's

Name: _____

| | | | | | |
|---|---|---|---|---|---|
| 1. 6 <br> x 2 | 2. 2 <br> x 6 | 3. 6 <br> x 8 | 4. 9 <br> x 6 | 5. 4 <br> x 6 | 6. 6 <br> x 3 |
| 7. 6 <br> x 0 | 8. 8 <br> x 6 | 9. 6 <br> x 5 | 10. 6 <br> x 9 | 11. 6 <br> x 6 | 12. 1 <br> x 6 |
| 13. 6 <br> x 8 | 14. 7 <br> x 6 | 15. 9 <br> x 6 | 16. 6 <br> x 7 | 17. 6 <br> x 2 | 18. 6 <br> x 0 |
| 19. 8 <br> x 6 | 20. 3 <br> x 6 | 21. 2 <br> x 6 | 22. 6 <br> x 9 | 23. 6 <br> x 3 | 24. 6 <br> x 2 |
| 25. 6 <br> x 5 | 26. 0 <br> x 6 | 27. 2 <br> x 6 | 28. 3 <br> x 6 | 29. 6 <br> x 5 | 30. 8 <br> x 6 |
| 31. 1 <br> x 6 | 32. 7 <br> x 6 | 33. 5 <br> x 6 | 34. 6 <br> x 3 | 35. 6 <br> x 4 | 36. 6 <br> x 6 |
| 37. 6 <br> x 3 | 38. 1 <br> x 6 | 39. 6 <br> x 7 | 40. 2 <br> x 6 | 41. 9 <br> x 6 | 42. 6 <br> x 8 |
| 43. 6 <br> x 3 | 44. 6 <br> x 5 | 45. 6 <br> x 9 | 46. 3 <br> x 6 | 47. 6 <br> x 5 | 48. 8 <br> x 6 |
| 49. 1 <br> x 6 | 50. 4 <br> x 6 | 51. 6 <br> x 5 | 52. 8 <br> x 6 | 53. 5 <br> x 6 | 54. 3 <br> x 6 |
| 55. 6 <br> x 2 | 56. 6 <br> x 0 | 57. 6 <br> x 9 | 58. 6 <br> x 7 | 59. 4 <br> x 6 | 60. 5 <br> x 6 |

Name: _____

Score: /60

Time: :

1.  4
    x 6

2.  1
    x 6

3.  6
    x 2

4.  6
    x 8

5.  6
    x 7

6.  3
    x 6

7.  6
    x 5

8.  6
    x 2

9.  8
    x 6

10. 4
    x 6

11. 6
    x 9

12. 6
    x 5

13. 7
    x 6

14. 6
    x 4

15. 3
    x 6

16. 5
    x 6

17. 6
    x 6

18. 6
    x 7

19. 6
    x 2

20. 6
    x 9

21. 6
    x 6

22. 6
    x 7

23. 4
    x 6

24. 2
    x 6

25. 6
    x 0

26. 3
    x 6

27. 6
    x 1

28. 6
    x 8

29. 2
    x 6

30. 6
    x 5

31. 6
    x 6

32. 6
    x 1

33. 5
    x 6

34. 2
    x 6

35. 9
    x 6

36. 6
    x 1

37. 7
    x 6

38. 3
    x 6

39. 6
    x 9

40. 6
    x 2

41. 6
    x 4

42. 6
    x 8

43. 5
    x 6

44. 3
    x 6

45. 6
    x 9

46. 6
    x 5

47. 8
    x 6

48. 2
    x 6

49. 6
    x 9

50. 5
    x 6

51. 6
    x 6

52. 6
    x 8

53. 6
    x 4

54. 6
    x 1

55. 6
    x 2

56. 6
    x 8

57. 4
    x 6

58. 6
    x 6

59. 6
    x 7

60. 1
    x 6

Name: _____

Score: /60

Time: :

| | | | | | |
|---|---|---|---|---|---|
| 1. $\begin{array}{r}9\\ \times 6\\ \hline\end{array}$ | 2. $\begin{array}{r}6\\ \times 6\\ \hline\end{array}$ | 3. $\begin{array}{r}6\\ \times 8\\ \hline\end{array}$ | 4. $\begin{array}{r}1\\ \times 6\\ \hline\end{array}$ | 5. $\begin{array}{r}7\\ \times 6\\ \hline\end{array}$ | 6. $\begin{array}{r}6\\ \times 5\\ \hline\end{array}$ |
| 7. $\begin{array}{r}6\\ \times 5\\ \hline\end{array}$ | 8. $\begin{array}{r}7\\ \times 6\\ \hline\end{array}$ | 9. $\begin{array}{r}1\\ \times 6\\ \hline\end{array}$ | 10. $\begin{array}{r}6\\ \times 9\\ \hline\end{array}$ | 11. $\begin{array}{r}4\\ \times 6\\ \hline\end{array}$ | 12. $\begin{array}{r}6\\ \times 3\\ \hline\end{array}$ |
| 13. $\begin{array}{r}2\\ \times 6\\ \hline\end{array}$ | 14. $\begin{array}{r}6\\ \times 7\\ \hline\end{array}$ | 15. $\begin{array}{r}6\\ \times 5\\ \hline\end{array}$ | 16. $\begin{array}{r}6\\ \times 9\\ \hline\end{array}$ | 17. $\begin{array}{r}6\\ \times 0\\ \hline\end{array}$ | 18. $\begin{array}{r}2\\ \times 6\\ \hline\end{array}$ |
| 19. $\begin{array}{r}4\\ \times 6\\ \hline\end{array}$ | 20. $\begin{array}{r}6\\ \times 6\\ \hline\end{array}$ | 21. $\begin{array}{r}6\\ \times 2\\ \hline\end{array}$ | 22. $\begin{array}{r}1\\ \times 6\\ \hline\end{array}$ | 23. $\begin{array}{r}6\\ \times 8\\ \hline\end{array}$ | 24. $\begin{array}{r}6\\ \times 3\\ \hline\end{array}$ |
| 25. $\begin{array}{r}0\\ \times 6\\ \hline\end{array}$ | 26. $\begin{array}{r}6\\ \times 4\\ \hline\end{array}$ | 27. $\begin{array}{r}6\\ \times 9\\ \hline\end{array}$ | 28. $\begin{array}{r}6\\ \times 8\\ \hline\end{array}$ | 29. $\begin{array}{r}5\\ \times 6\\ \hline\end{array}$ | 30. $\begin{array}{r}4\\ \times 6\\ \hline\end{array}$ |
| 31. $\begin{array}{r}6\\ \times 2\\ \hline\end{array}$ | 32. $\begin{array}{r}7\\ \times 6\\ \hline\end{array}$ | 33. $\begin{array}{r}6\\ \times 5\\ \hline\end{array}$ | 34. $\begin{array}{r}6\\ \times 1\\ \hline\end{array}$ | 35. $\begin{array}{r}9\\ \times 6\\ \hline\end{array}$ | 36. $\begin{array}{r}6\\ \times 6\\ \hline\end{array}$ |
| 37. $\begin{array}{r}6\\ \times 5\\ \hline\end{array}$ | 38. $\begin{array}{r}6\\ \times 2\\ \hline\end{array}$ | 39. $\begin{array}{r}6\\ \times 7\\ \hline\end{array}$ | 40. $\begin{array}{r}4\\ \times 6\\ \hline\end{array}$ | 41. $\begin{array}{r}6\\ \times 1\\ \hline\end{array}$ | 42. $\begin{array}{r}3\\ \times 6\\ \hline\end{array}$ |
| 43. $\begin{array}{r}6\\ \times 4\\ \hline\end{array}$ | 44. $\begin{array}{r}8\\ \times 6\\ \hline\end{array}$ | 45. $\begin{array}{r}6\\ \times 9\\ \hline\end{array}$ | 46. $\begin{array}{r}2\\ \times 6\\ \hline\end{array}$ | 47. $\begin{array}{r}0\\ \times 6\\ \hline\end{array}$ | 48. $\begin{array}{r}6\\ \times 1\\ \hline\end{array}$ |
| 49. $\begin{array}{r}6\\ \times 8\\ \hline\end{array}$ | 50. $\begin{array}{r}7\\ \times 6\\ \hline\end{array}$ | 51. $\begin{array}{r}3\\ \times 6\\ \hline\end{array}$ | 52. $\begin{array}{r}6\\ \times 2\\ \hline\end{array}$ | 53. $\begin{array}{r}6\\ \times 9\\ \hline\end{array}$ | 54. $\begin{array}{r}6\\ \times 7\\ \hline\end{array}$ |
| 55. $\begin{array}{r}5\\ \times 6\\ \hline\end{array}$ | 56. $\begin{array}{r}6\\ \times 2\\ \hline\end{array}$ | 57. $\begin{array}{r}6\\ \times 9\\ \hline\end{array}$ | 58. $\begin{array}{r}3\\ \times 6\\ \hline\end{array}$ | 59. $\begin{array}{r}6\\ \times 8\\ \hline\end{array}$ | 60. $\begin{array}{r}1\\ \times 6\\ \hline\end{array}$ |

Name: _____

Score: /60

Time: :

| | | | | | |
|---|---|---|---|---|---|
| 1. 3 x7 | 2. 6 x7 | 3. 7 x2 | 4. 1 x7 | 5. 7 x7 | 6. 8 x7 |
| 7. 7 x2 | 8. 5 x7 | 9. 0 x7 | 10. 7 x9 | 11. 7 x4 | 12. 1 x7 |
| 13. 7 x7 | 14. 3 x7 | 15. 7 x9 | 16. 7 x4 | 17. 7 x6 | 18. 2 x7 |
| 19. 6 x7 | 20. 7 x4 | 21. 2 x7 | 22. 3 x7 | 23. 7 x5 | 24. 7 x3 |
| 25. 9 x7 | 26. 1 x7 | 27. 7 x5 | 28. 7 x8 | 29. 5 x7 | 30. 7 x2 |
| 31. 4 x7 | 32. 0 x7 | 33. 7 x5 | 34. 1 x7 | 35. 9 x7 | 36. 7 x8 |
| 37. 7 x7 | 38. 7 x5 | 39. 7 x9 | 40. 8 x7 | 41. 7 x1 | 42. 7 x6 |
| 43. 7 x3 | 44. 9 x7 | 45. 6 x7 | 46. 2 x7 | 47. 8 x7 | 48. 7 x6 |
| 49. 7 x0 | 50. 7 x3 | 51. 7 x5 | 52. 4 x7 | 53. 7 x6 | 54. 7 x1 |
| 55. 7 x5 | 56. 7 x7 | 57. 7 x9 | 58. 8 x7 | 59. 2 x7 | 60. 7 x3 |

Name: _____

Score: /60    Time: :

1. 7 x 4
2. 7 x 3
3. 7 x 2
4. 5 x 7
5. 7 x 0
6. 9 x 7

7. 7 x 9
8. 7 x 4
9. 8 x 7
10. 4 x 7
11. 7 x 6
12. 7 x 7

13. 7 x 0
14. 7 x 4
15. 9 x 7
16. 7 x 6
17. 7 x 5
18. 2 x 7

19. 7 x 6
20. 3 x 7
21. 7 x 8
22. 7 x 5
23. 7 x 1
24. 0 x 7

25. 5 x 7
26. 1 x 7
27. 7 x 3
28. 7 x 4
29. 8 x 7
30. 7 x 6

31. 7 x 7
32. 2 x 7
33. 7 x 3
34. 9 x 7
35. 7 x 4
36. 1 x 7

37. 7 x 6
38. 5 x 7
39. 9 x 7
40. 7 x 2
41. 7 x 4
42. 7 x 7

43. 7 x 8
44. 6 x 7
45. 7 x 9
46. 2 x 7
47. 7 x 6
48. 7 x 4

49. 1 x 7
50. 7 x 6
51. 7 x 5
52. 4 x 7
53. 7 x 9
54. 7 x 3

55. 7 x 6
56. 5 x 7
57. 7 x 2
58. 7 x 1
59. 7 x 3
60. 7 x 9

Name: _____

Score: /60

Time: :

1. $7 \times 9$
2. $7 \times 3$
3. $6 \times 7$
4. $2 \times 7$
5. $8 \times 7$
6. $7 \times 5$

7. $7 \times 1$
8. $7 \times 4$
9. $7 \times 6$
10. $9 \times 7$
11. $3 \times 7$
12. $7 \times 5$

13. $6 \times 7$
14. $7 \times 3$
15. $7 \times 8$
16. $5 \times 7$
17. $7 \times 1$
18. $7 \times 2$

19. $7 \times 7$
20. $7 \times 6$
21. $9 \times 7$
22. $7 \times 8$
23. $2 \times 7$
24. $7 \times 4$

25. $7 \times 2$
26. $3 \times 7$
27. $7 \times 5$
28. $1 \times 7$
29. $7 \times 4$
30. $8 \times 7$

31. $7 \times 4$
32. $7 \times 0$
33. $7 \times 1$
34. $7 \times 6$
35. $9 \times 7$
36. $7 \times 3$

37. $7 \times 5$
38. $8 \times 7$
39. $6 \times 7$
40. $7 \times 4$
41. $0 \times 7$
42. $7 \times 9$

43. $7 \times 7$
44. $7 \times 1$
45. $5 \times 7$
46. $7 \times 2$
47. $4 \times 7$
48. $7 \times 5$

49. $7 \times 3$
50. $6 \times 7$
51. $4 \times 7$
52. $2 \times 7$
53. $9 \times 7$
54. $7 \times 3$

55. $7 \times 6$
56. $8 \times 7$
57. $2 \times 7$
58. $7 \times 4$
59. $7 \times 3$
60. $1 \times 7$

Name: _____

Score: /60

Time: :

| | | | | | |
|---|---|---|---|---|---|
| 1. 7 x4 | 2. 5 x7 | 3. 7 x2 | 4. 8 x7 | 5. 6 x7 | 6. 7 x0 |
| 7. 7 x1 | 8. 6 x7 | 9. 7 x2 | 10. 7 x9 | 11. 4 x7 | 12. 7 x3 |
| 13. 7 x7 | 14. 7 x2 | 15. 7 x4 | 16. 8 x7 | 17. 7 x6 | 18. 2 x7 |
| 19. 7 x4 | 20. 3 x7 | 21. 7 x1 | 22. 9 x7 | 23. 7 x6 | 24. 7 x5 |
| 25. 7 x4 | 26. 6 x7 | 27. 7 x2 | 28. 7 x3 | 29. 7 x6 | 30. 1 x7 |
| 31. 4 x7 | 32. 7 x8 | 33. 6 x7 | 34. 7 x1 | 35. 9 x7 | 36. 7 x0 |
| 37. 7 x7 | 38. 7 x3 | 39. 6 x7 | 40. 5 x7 | 41. 7 x8 | 42. 7 x4 |
| 43. 7 x1 | 44. 5 x7 | 45. 7 x9 | 46. 3 x7 | 47. 7 x2 | 48. 7 x6 |
| 49. 9 x7 | 50. 1 x7 | 51. 7 x2 | 52. 7 x8 | 53. 5 x7 | 54. 7 x3 |
| 55. 7 x1 | 56. 5 x7 | 57. 4 x7 | 58. 7 x8 | 59. 3 x7 | 60. 7 x6 |

Name: _____

Score: /60

Time: :

1. 6
x 7

2. 7
x 3

3. 7
x 1

4. 9
x 7

5. 7
x 0

6. 8
x 7

7. 7
x 0

8. 8
x 7

9. 7
x 5

10. 7
x 9

11. 6
x 7

12. 7
x 5

13. 7
x 2

14. 7
x 8

15. 9
x 7

16. 1
x 7

17. 7
x 7

18. 6
x 7

19. 8
x 7

20. 3
x 7

21. 2
x 7

22. 7
x 9

23. 7
x 3

24. 7
x 2

25. 7
x 5

26. 1
x 7

27. 2
x 7

28. 3
x 7

29. 7
x 5

30. 8
x 7

31. 0
x 7

32. 7
x 6

33. 5
x 7

34. 7
x 3

35. 7
x 4

36. 7
x 6

37. 7
x 3

38. 1
x 7

39. 7
x 7

40. 2
x 7

41. 9
x 7

42. 7
x 8

43. 7
x 3

44. 7
x 5

45. 7
x 9

46. 3
x 7

47. 7
x 5

48. 8
x 7

49. 1
x 7

50. 4
x 7

51. 7
x 5

52. 8
x 7

53. 7
x 6

54. 3
x 7

55. 7
x 0

56. 5
x 7

57. 7
x 4

58. 6
x 7

59. 2
x 7

60. 9
x 7

Name: _____

Score: /60

Time: :

1. 7
x 2

2. 7
x 0

3. 7
x 7

4. 6
x 7

5. 9
x 7

6. 7
x 4

7. 7
x 3

8. 7
x 2

9. 8
x 7

10. 4
x 7

11. 7
x 9

12. 8
x 7

13. 7
x 2

14. 6
x 7

15. 3
x 7

16. 5
x 7

17. 7
x 1

18. 7
x 7

19. 7
x 4

20. 7
x 9

21. 6
x 7

22. 8
x 7

23. 4
x 7

24. 2
x 7

25. 6
x 7

26. 3
x 7

27. 7
x 1

28. 2
x 7

29. 8
x 7

30. 7
x 5

31. 7
x 7

32. 7
x 1

33. 5
x 7

34. 2
x 7

35. 9
x 7

36. 7
x 1

37. 7
x 4

38. 3
x 7

39. 7
x 9

40. 7
x 2

41. 1
x 7

42. 7
x 3

43. 5
x 7

44. 3
x 7

45. 7
x 9

46. 7
x 5

47. 8
x 7

48. 2
x 7

49. 7
x 9

50. 5
x 7

51. 7
x 6

52. 7
x 8

53. 7
x 4

54. 7
x 1

55. 7
x 2

56. 7
x 8

57. 4
x 7

58. 6
x 7

59. 7
x 7

60. 1
x 7

Name: _____

Score: /60

Time: :

1. 8
x 7

2. 7
x 3

3. 7
x 2

4. 7
x 5

5. 4
x 7

6. 6
x 7

7. 7
x 5

8. 7
x 1

9. 7
x 7

10. 7
x 9

11. 4
x 7

12. 7
x 3

13. 2
x 7

14. 9
x 7

15. 7
x 5

16. 7
x 7

17. 6
x 7

18. 0
x 7

19. 4
x 7

20. 7
x 6

21. 7
x 2

22. 1
x 7

23. 7
x 8

24. 7
x 3

25. 9
x 7

26. 7
x 4

27. 5
x 7

28. 7
x 8

29. 0
x 7

30. 4
x 7

31. 7
x 2

32. 9
x 7

33. 6
x 7

34. 7
x 1

35. 5
x 7

36. 7
x 6

37. 7
x 5

38. 7
x 2

39. 7
x 7

40. 4
x 7

41. 7
x 1

42. 3
x 7

43. 7
x 0

44. 8
x 7

45. 7
x 9

46. 2
x 7

47. 4
x 7

48. 7
x 1

49. 7
x 8

50. 7
x 6

51. 3
x 7

52. 7
x 2

53. 7
x 9

54. 7
x 7

55. 5
x 7

56. 7
x 2

57. 7
x 9

58. 3
x 7

59. 7
x 8

60. 1
x 7

Name: _____

Score: /60

Time: :

1. 8
x 2

2. 5
x 8

3. 8
x 2

4. 7
x 8

5. 8
x 0

6. 8
x 5

7. 8
x 2

8. 5
x 8

9. 0
x 8

10. 8
x 9

11. 8
x 4

12. 1
x 8

13. 8
x 6

14. 3
x 8

15. 8
x 9

16. 8
x 4

17. 7
x 8

18. 2
x 8

19. 8
x 7

20. 8
x 4

21. 2
x 8

22. 3
x 8

23. 8
x 5

24. 8
x 3

25. 9
x 8

26. 1
x 8

27. 8
x 5

28. 8
x 8

29. 5
x 8

30. 8
x 2

31. 4
x 8

32. 0
x 8

33. 8
x 5

34. 1
x 8

35. 9
x 8

36. 8
x 8

37. 7
x 8

38. 8
x 5

39. 8
x 9

40. 8
x 8

41. 8
x 1

42. 8
x 6

43. 8
x 3

44. 9
x 8

45. 6
x 8

46. 2
x 8

47. 8
x 8

48. 8
x 6

49. 8
x 0

50. 8
x 3

51. 8
x 5

52. 4
x 8

53. 8
x 6

54. 7
x 8

55. 8
x 5

56. 7
x 8

57. 8
x 9

58. 8
x 8

59. 2
x 8

60. 8
x 3

Name: _____

| | | | | | |
|---|---|---|---|---|---|
| 1. $\begin{array}{r}8\\ \times 6\\\hline\end{array}$ | 2. $\begin{array}{r}8\\ \times 3\\\hline\end{array}$ | 3. $\begin{array}{r}3\\ \times 8\\\hline\end{array}$ | 4. $\begin{array}{r}8\\ \times 5\\\hline\end{array}$ | 5. $\begin{array}{r}8\\ \times 7\\\hline\end{array}$ | 6. $\begin{array}{r}2\\ \times 8\\\hline\end{array}$ |
| 7. $\begin{array}{r}8\\ \times 9\\\hline\end{array}$ | 8. $\begin{array}{r}8\\ \times 4\\\hline\end{array}$ | 9. $\begin{array}{r}8\\ \times 7\\\hline\end{array}$ | 10. $\begin{array}{r}0\\ \times 8\\\hline\end{array}$ | 11. $\begin{array}{r}8\\ \times 6\\\hline\end{array}$ | 12. $\begin{array}{r}8\\ \times 7\\\hline\end{array}$ |
| 13. $\begin{array}{r}8\\ \times 8\\\hline\end{array}$ | 14. $\begin{array}{r}8\\ \times 4\\\hline\end{array}$ | 15. $\begin{array}{r}9\\ \times 8\\\hline\end{array}$ | 16. $\begin{array}{r}8\\ \times 6\\\hline\end{array}$ | 17. $\begin{array}{r}8\\ \times 5\\\hline\end{array}$ | 18. $\begin{array}{r}2\\ \times 8\\\hline\end{array}$ |
| 19. $\begin{array}{r}8\\ \times 6\\\hline\end{array}$ | 20. $\begin{array}{r}8\\ \times 8\\\hline\end{array}$ | 21. $\begin{array}{r}3\\ \times 8\\\hline\end{array}$ | 22. $\begin{array}{r}5\\ \times 8\\\hline\end{array}$ | 23. $\begin{array}{r}8\\ \times 1\\\hline\end{array}$ | 24. $\begin{array}{r}0\\ \times 8\\\hline\end{array}$ |
| 25. $\begin{array}{r}8\\ \times 7\\\hline\end{array}$ | 26. $\begin{array}{r}1\\ \times 8\\\hline\end{array}$ | 27. $\begin{array}{r}8\\ \times 3\\\hline\end{array}$ | 28. $\begin{array}{r}8\\ \times 4\\\hline\end{array}$ | 29. $\begin{array}{r}6\\ \times 8\\\hline\end{array}$ | 30. $\begin{array}{r}7\\ \times 8\\\hline\end{array}$ |
| 31. $\begin{array}{r}5\\ \times 8\\\hline\end{array}$ | 32. $\begin{array}{r}2\\ \times 8\\\hline\end{array}$ | 33. $\begin{array}{r}8\\ \times 3\\\hline\end{array}$ | 34. $\begin{array}{r}9\\ \times 8\\\hline\end{array}$ | 35. $\begin{array}{r}8\\ \times 4\\\hline\end{array}$ | 36. $\begin{array}{r}1\\ \times 8\\\hline\end{array}$ |
| 37. $\begin{array}{r}8\\ \times 6\\\hline\end{array}$ | 38. $\begin{array}{r}5\\ \times 8\\\hline\end{array}$ | 39. $\begin{array}{r}9\\ \times 8\\\hline\end{array}$ | 40. $\begin{array}{r}8\\ \times 2\\\hline\end{array}$ | 41. $\begin{array}{r}8\\ \times 4\\\hline\end{array}$ | 42. $\begin{array}{r}8\\ \times 0\\\hline\end{array}$ |
| 43. $\begin{array}{r}8\\ \times 8\\\hline\end{array}$ | 44. $\begin{array}{r}6\\ \times 8\\\hline\end{array}$ | 45. $\begin{array}{r}8\\ \times 9\\\hline\end{array}$ | 46. $\begin{array}{r}2\\ \times 8\\\hline\end{array}$ | 47. $\begin{array}{r}8\\ \times 6\\\hline\end{array}$ | 48. $\begin{array}{r}8\\ \times 4\\\hline\end{array}$ |
| 49. $\begin{array}{r}1\\ \times 8\\\hline\end{array}$ | 50. $\begin{array}{r}8\\ \times 6\\\hline\end{array}$ | 51. $\begin{array}{r}8\\ \times 5\\\hline\end{array}$ | 52. $\begin{array}{r}4\\ \times 8\\\hline\end{array}$ | 53. $\begin{array}{r}8\\ \times 9\\\hline\end{array}$ | 54. $\begin{array}{r}8\\ \times 3\\\hline\end{array}$ |
| 55. $\begin{array}{r}2\\ \times 8\\\hline\end{array}$ | 56. $\begin{array}{r}5\\ \times 8\\\hline\end{array}$ | 57. $\begin{array}{r}8\\ \times 6\\\hline\end{array}$ | 58. $\begin{array}{r}8\\ \times 1\\\hline\end{array}$ | 59. $\begin{array}{r}8\\ \times 9\\\hline\end{array}$ | 60. $\begin{array}{r}8\\ \times 3\\\hline\end{array}$ |

Name: _____

Score: /60

Time: :

1. 8 x 9

2. 8 x 7

3. 8 x 4

4. 8 x 5

5. 3 x 8

6. 0 x 8

7. 8 x 1

8. 4 x 8

9. 8 x 6

10. 9 x 8

11. 3 x 8

12. 8 x 5

13. 6 x 8

14. 8 x 3

15. 1 x 8

16. 5 x 8

17. 8 x 8

18. 8 x 2

19. 8 x 7

20. 8 x 6

21. 9 x 8

22. 8 x 8

23. 2 x 8

24. 8 x 4

25. 8 x 2

26. 3 x 8

27. 8 x 5

28. 1 x 8

29. 8 x 4

30. 8 x 0

31. 8 x 4

32. 8 x 8

33. 8 x 1

34. 7 x 8

35. 8 x 6

36. 8 x 3

37. 8 x 8

38. 8 x 5

39. 6 x 8

40. 8 x 4

41. 0 x 8

42. 8 x 9

43. 7 x 8

44. 8 x 1

45. 5 x 8

46. 8 x 2

47. 4 x 8

48. 8 x 5

49. 8 x 3

50. 6 x 8

51. 4 x 8

52. 2 x 8

53. 9 x 8

54. 8 x 3

55. 8 x 8

56. 8 x 6

57. 4 x 8

58. 8 x 2

59. 8 x 3

60. 1 x 8

Name: _____

Score: /60

Time: :

| | | | | | |
|---|---|---|---|---|---|
| 1. 8<br>x 4 | 2. 8<br>x 9 | 3. 8<br>x 6 | 4. 3<br>x 8 | 5. 2<br>x 8 | 6. 7<br>x 8 |
| 7. 5<br>x 8 | 8. 6<br>x 8 | 9. 8<br>x 2 | 10. 8<br>x 9 | 11. 4<br>x 8 | 12. 8<br>x 3 |
| 13. 8<br>x 7 | 14. 8<br>x 2 | 15. 3<br>x 8 | 16. 8<br>x 7 | 17. 8<br>x 6 | 18. 2<br>x 8 |
| 19. 8<br>x 4 | 20. 8<br>x 5 | 21. 8<br>x 1 | 22. 9<br>x 8 | 23. 8<br>x 6 | 24. 8<br>x 5 |
| 25. 8<br>x 0 | 26. 6<br>x 8 | 27. 8<br>x 2 | 28. 8<br>x 3 | 29. 8<br>x 1 | 30. 6<br>x 8 |
| 31. 4<br>x 8 | 32. 7<br>x 8 | 33. 6<br>x 8 | 34. 8<br>x 1 | 35. 9<br>x 8 | 36. 7<br>x 8 |
| 37. 0<br>x 8 | 38. 8<br>x 3 | 39. 6<br>x 8 | 40. 5<br>x 8 | 41. 8<br>x 7 | 42. 8<br>x 8 |
| 43. 8<br>x 1 | 44. 5<br>x 8 | 45. 8<br>x 9 | 46. 3<br>x 8 | 47. 8<br>x 2 | 48. 8<br>x 6 |
| 49. 9<br>x 8 | 50. 1<br>x 8 | 51. 8<br>x 2 | 52. 8<br>x 8 | 53. 5<br>x 8 | 54. 8<br>x 3 |
| 55. 8<br>x 1 | 56. 5<br>x 8 | 57. 4<br>x 8 | 58. 7<br>x 8 | 59. 3<br>x 8 | 60. 8<br>x 6 |

Name: _____

Score: /60

Time: :

1.  6
   x 8

2.  8
   x 3

3.  8
   x 2

4.  8
   x 5

5.  7
   x 8

6.  8
   x 4

7.  8
   x 0

8.  8
   x 7

9.  8
   x 5

10. 8
    x 9

11. 6
    x 8

12. 8
    x 5

13. 8
    x 2

14. 8
    x 8

15. 9
    x 8

16. 1
    x 8

17. 8
    x 7

18. 6
    x 8

19. 5
    x 8

20. 3
    x 8

21. 2
    x 8

22. 8
    x 9

23. 8
    x 3

24. 8
    x 2

25. 8
    x 8

26. 1
    x 8

27. 4
    x 8

28. 3
    x 8

29. 8
    x 5

30. 8
    x 7

31. 9
    x 8

32. 8
    x 6

33. 5
    x 8

34. 8
    x 3

35. 8
    x 4

36. 8
    x 6

37. 8
    x 3

38. 1
    x 8

39. 8
    x 7

40. 2
    x 8

41. 9
    x 8

42. 7
    x 8

43. 8
    x 3

44. 8
    x 5

45. 8
    x 9

46. 3
    x 8

47. 8
    x 5

48. 8
    x 8

49. 1
    x 8

50. 4
    x 8

51. 8
    x 5

52. 8
    x 8

53. 8
    x 6

54. 3
    x 8

55. 8
    x 4

56. 5
    x 8

57. 8
    x 8

58. 6
    x 8

59. 2
    x 8

60. 9
    x 8

Name: _____

Score: /60

Time: :

1. 8
x 2

2. 8
x 7

3. 3
x 8

4. 8
x 4

5. 8
x 6

6. 5
x 8

7. 1
x 8

8. 5
x 8

9. 8
x 0

10. 8
x 9

11. 8
x 4

12. 8
x 8

13. 7
x 8

14. 8
x 4

15. 9
x 8

16. 8
x 7

17. 6
x 8

18. 8
x 7

19. 8
x 1

20. 3
x 8

21. 2
x 8

22. 8
x 9

23. 0
x 8

24. 8
x 2

25. 9
x 8

26. 8
x 4

27. 8
x 3

28. 8
x 5

29. 6
x 8

30. 8
x 8

31. 8
x 1

32. 7
x 8

33. 5
x 8

34. 0
x 8

35. 9
x 8

36. 8
x 6

37. 4
x 8

38. 3
x 8

39. 8
x 7

40. 5
x 8

41. 8
x 4

42. 7
x 8

43. 5
x 8

44. 8
x 2

45. 8
x 9

46. 8
x 6

47. 8
x 8

48. 2
x 8

49. 1
x 8

50. 8
x 6

51. 8
x 5

52. 8
x 8

53. 8
x 9

54. 8
x 3

55. 5
x 8

56. 4
x 8

57. 8
x 9

58. 8
x 4

59. 8
x 3

60. 2
x 8

Name: _____

Score: /60

Time: :

| | | | | | |
|---|---|---|---|---|---|
| 1. 8 <br> x 4 | 2. 8 <br> x 9 | 3. 8 <br> x 2 | 4. 6 <br> x 8 | 5. 3 <br> x 8 | 6. 8 <br> x 5 |
| 7. 8 <br> x 7 | 8. 0 <br> x 8 | 9. 8 <br> x 8 | 10. 8 <br> x 9 | 11. 8 <br> x 5 | 12. 1 <br> x 8 |
| 13. 6 <br> x 8 | 14. 8 <br> x 4 | 15. 3 <br> x 8 | 16. 8 <br> x 7 | 17. 6 <br> x 8 | 18. 8 <br> x 7 |
| 19. 5 <br> x 8 | 20. 3 <br> x 8 | 21. 2 <br> x 8 | 22. 8 <br> x 9 | 23. 8 <br> x 6 | 24. 8 <br> x 3 |
| 25. 9 <br> x 8 | 26. 8 <br> x 4 | 27. 8 <br> x 5 | 28. 8 <br> x 8 | 29. 6 <br> x 8 | 30. 2 <br> x 8 |
| 31. 8 <br> x 1 | 32. 7 <br> x 8 | 33. 5 <br> x 8 | 34. 8 <br> x 1 | 35. 9 <br> x 8 | 36. 8 <br> x 5 |
| 37. 4 <br> x 8 | 38. 3 <br> x 8 | 39. 8 <br> x 9 | 40. 3 <br> x 8 | 41. 8 <br> x 1 | 42. 5 <br> x 8 |
| 43. 8 <br> x 8 | 44. 8 <br> x 6 | 45. 3 <br> x 8 | 46. 8 <br> x 9 | 47. 8 <br> x 1 | 48. 2 <br> x 8 |
| 49. 1 <br> x 8 | 50. 8 <br> x 8 | 51. 8 <br> x 5 | 52. 7 <br> x 8 | 53. 8 <br> x 4 | 54. 9 <br> x 8 |
| 55. 0 <br> x 8 | 56. 4 <br> x 8 | 57. 8 <br> x 5 | 58. 8 <br> x 2 | 59. 8 <br> x 7 | 60. 4 <br> x 8 |

# Day 54
**Multiplying 9's**

Name: _____

Score: /60

Time: :

1.  9 x 6
2.  9 x 3
3.  9 x 2
4.  9 x 5
5.  7 x 9
6.  8 x 9

7.  9 x 5
8.  7 x 9
9.  8 x 9
10. 9 x 9
11. 9 x 4
12. 1 x 9

13. 9 x 7
14. 9 x 9
15. 3 x 9
16. 2 x 9
17. 6 x 9
18. 1 x 9

19. 5 x 9
20. 3 x 9
21. 2 x 9
22. 9 x 4
23. 9 x 6
24. 9 x 3

25. 9 x 9
26. 9 x 4
27. 9 x 5
28. 9 x 8
29. 5 x 9
30. 2 x 9

31. 9 x 4
32. 1 x 9
33. 5 x 9
34. 9 x 1
35. 9 x 9
36. 9 x 5

37. 4 x 9
38. 3 x 9
39. 9 x 9
40. 8 x 9
41. 9 x 1
42. 9 x 8

43. 6 x 9
44. 9 x 4
45. 9 x 9
46. 9 x 5
47. 8 x 9
48. 2 x 9

49. 7 x 9
50. 4 x 9
51. 9 x 5
52. 9 x 3
53. 9 x 7
54. 9 x 8

55. 9 x 5
56. 4 x 9
57. 3 x 9
58. 9 x 2
59. 9 x 7
60. 4 x 9

© Libro Studio LLC 2019

Name: _____

Score: /60

Time: :

| | | | | | |
|---|---|---|---|---|---|
| 1. 9<br>x 7 | 2. 6<br>x 9 | 3. 3<br>x 9 | 4. 9<br>x 5 | 5. 9<br>x 8 | 6. 9<br>x 6 |
| 7. 9<br>x 4 | 8. 5<br>x 9 | 9. 6<br>x 9 | 10. 1<br>x 9 | 11. 9<br>x 4 | 12. 3<br>x 9 |
| 13. 7<br>x 9 | 14. 9<br>x 4 | 15. 9<br>x 9 | 16. 9<br>x 8 | 17. 6<br>x 9 | 18. 9<br>x 7 |
| 19. 9<br>x 9 | 20. 3<br>x 9 | 21. 2<br>x 9 | 22. 9<br>x 8 | 23. 9<br>x 3 | 24. 4<br>x 9 |
| 25. 5<br>x 9 | 26. 9<br>x 6 | 27. 9<br>x 3 | 28. 9<br>x 2 | 29. 6<br>x 9 | 30. 8<br>x 9 |
| 31. 9<br>x 1 | 32. 7<br>x 9 | 33. 5<br>x 9 | 34. 9<br>x 3 | 35. 9<br>x 6 | 36. 0<br>x 9 |
| 37. 4<br>x 9 | 38. 9<br>x 9 | 39. 9<br>x 7 | 40. 5<br>x 9 | 41. 9<br>x 4 | 42. 9<br>x 8 |
| 43. 5<br>x 9 | 44. 9<br>x 3 | 45. 9<br>x 7 | 46. 9<br>x 6 | 47. 8<br>x 9 | 48. 2<br>x 9 |
| 49. 8<br>x 9 | 50. 9<br>x 1 | 51. 9<br>x 5 | 52. 9<br>x 9 | 53. 6<br>x 9 | 54. 9<br>x 3 |
| 55. 9<br>x 2 | 56. 4<br>x 9 | 57. 9<br>x 5 | 58. 9<br>x 8 | 59. 9<br>x 3 | 60. 2<br>x 9 |

Name: _____

Score: /60

Time: :

1.  9
    x 3

2.  6
    x 9

3.  9
    x 7

4.  9
    x 9

5.  4
    x 9

6.  9
    x 0

7.  4
    x 9

8.  5
    x 9

9.  6
    x 9

10. 9
    x 7

11. 8
    x 9

12. 4
    x 9

13. 7
    x 9

14. 9
    x 4

15. 9
    x 9

16. 9
    x 0

17. 6
    x 9

18. 9
    x 7

19. 9
    x 8

20. 3
    x 9

21. 5
    x 9

22. 9
    x 8

23. 9
    x 0

24. 9
    x 9

25. 5
    x 9

26. 1
    x 9

27. 9
    x 3

28. 9
    x 4

29. 5
    x 9

30. 8
    x 9

31. 2
    x 9

32. 7
    x 9

33. 5
    x 9

34. 9
    x 9

35. 9
    x 4

36. 9
    x 6

37. 1
    x 9

38. 9
    x 3

39. 9
    x 7

40. 5
    x 9

41. 9
    x 4

42. 6
    x 9

43. 9
    x 9

44. 9
    x 4

45. 7
    x 9

46. 2
    x 9

47. 8
    x 9

48. 9
    x 1

49. 9
    x 5

50. 1
    x 9

51. 9
    x 4

52. 9
    x 6

53. 3
    x 9

54. 9
    x 9

55. 9
    x 7

56. 8
    x 9

57. 9
    x 2

58. 9
    x 4

59. 9
    x 3

60. 6
    x 9

Name: _____

Score: /60

Time: :

| | | | | | |
|---|---|---|---|---|---|
| 1. 9 x 4 | 2. 9 x 3 | 3. 9 x 5 | 4. 8 x 9 | 5. 9 x 9 | 6. 7 x 9 |
| 7. 5 x 9 | 8. 9 x 1 | 9. 6 x 9 | 10. 9 x 2 | 11. 4 x 9 | 12. 9 x 3 |
| 13. 9 x 9 | 14. 9 x 2 | 15. 9 x 4 | 16. 9 x 8 | 17. 3 x 9 | 18. 9 x 7 |
| 19. 6 x 9 | 20. 4 x 9 | 21. 9 x 2 | 22. 9 x 7 | 23. 9 x 9 | 24. 9 x 5 |
| 25. 9 x 4 | 26. 3 x 9 | 27. 9 x 9 | 28. 9 x 7 | 29. 6 x 9 | 30. 1 x 9 |
| 31. 2 x 9 | 32. 7 x 9 | 33. 9 x 4 | 34. 9 x 1 | 35. 9 x 9 | 36. 7 x 9 |
| 37. 5 x 9 | 38. 9 x 3 | 39. 9 x 7 | 40. 5 x 9 | 41. 9 x 8 | 42. 9 x 4 |
| 43. 9 x 9 | 44. 9 x 6 | 45. 2 x 9 | 46. 3 x 9 | 47. 6 x 9 | 48. 9 x 7 |
| 49. 9 x 5 | 50. 1 x 9 | 51. 9 x 2 | 52. 9 x 8 | 53. 5 x 9 | 54. 9 x 3 |
| 55. 9 x 1 | 56. 9 x 8 | 57. 4 x 9 | 58. 6 x 9 | 59. 3 x 9 | 60. 8 x 9 |

# Day 58
## Multiplying 9's

1. 7 × 9

2. 9 × 3

3. 9 × 2

4. 5 × 9

5. 9 × 0

6. 6 × 9

7. 4 × 9

8. 5 × 9

9. 6 × 9

10. 9 × 9

11. 9 × 5

12. 9 × 1

13. 7 × 9

14. 0 × 9

15. 5 × 9

16. 9 × 8

17. 6 × 9

18. 9 × 7

19. 9 × 3

20. 1 × 9

21. 9 × 2

22. 9 × 7

23. 4 × 9

24. 9 × 9

25. 5 × 9

26. 3 × 9

27. 9 × 2

28. 9 × 7

29. 6 × 9

30. 1 × 9

31. 9 × 8

32. 7 × 9

33. 9 × 4

34. 9 × 1

35. 4 × 9

36. 9 × 5

37. 9 × 7

38. 3 × 9

39. 9 × 9

40. 5 × 9

41. 9 × 8

42. 9 × 4

43. 5 × 9

44. 9 × 6

45. 7 × 9

46. 3 × 9

47. 6 × 9

48. 9 × 2

49. 9 × 7

50. 1 × 9

51. 9 × 2

52. 8 × 9

53. 9 × 9

54. 9 × 3

55. 9 × 4

56. 9 × 8

57. 9 × 5

58. 6 × 9

59. 3 × 9

60. 8 × 9

# Day 59
## Multiplying 9's

Name: _____

Score: /60

Time: :

| | | | | | |
|---|---|---|---|---|---|
| 1. 0 x 9 | 2. 6 x 9 | 3. 9 x 9 | 4. 9 x 8 | 5. 9 x 6 | 6. 9 x 4 |
| 7. 3 x 9 | 8. 5 x 9 | 9. 6 x 9 | 10. 9 x 7 | 11. 9 x 4 | 12. 9 x 8 |
| 13. 7 x 9 | 14. 9 x 4 | 15. 9 x 9 | 16. 9 x 0 | 17. 6 x 9 | 18. 9 x 7 |
| 19. 9 x 8 | 20. 3 x 9 | 21. 5 x 9 | 22. 9 x 8 | 23. 9 x 4 | 24. 3 x 9 |
| 25. 5 x 9 | 26. 9 x 0 | 27. 9 x 9 | 28. 1 x 9 | 29. 5 x 9 | 30. 8 x 9 |
| 31. 2 x 9 | 32. 7 x 9 | 33. 5 x 9 | 34. 9 x 4 | 35. 9 x 3 | 36. 9 x 6 |
| 37. 1 x 9 | 38. 9 x 9 | 39. 9 x 7 | 40. 5 x 9 | 41. 9 x 4 | 42. 6 x 9 |
| 43. 9 x 9 | 44. 9 x 5 | 45. 3 x 9 | 46. 2 x 9 | 47. 8 x 9 | 48. 9 x 1 |
| 49. 4 x 9 | 50. 7 x 9 | 51. 9 x 5 | 52. 9 x 6 | 53. 2 x 9 | 54. 9 x 3 |
| 55. 9 x 8 | 56. 3 x 9 | 57. 9 x 2 | 58. 9 x 4 | 59. 9 x 9 | 60. 6 x 9 |

Name: _____

Score: /60

Time: :

| | | | | | |
|---|---|---|---|---|---|
| 1. 7 x 9 | 2. 9 x 6 | 3. 9 x 5 | 4. 8 x 9 | 5. 9 x 2 | 6. 9 x 9 |
| 7. 3 x 9 | 8. 5 x 9 | 9. 8 x 9 | 10. 2 x 9 | 11. 9 x 4 | 12. 9 x 2 |
| 13. 6 x 9 | 14. 9 x 4 | 15. 9 x 9 | 16. 9 x 7 | 17. 6 x 9 | 18. 9 x 7 |
| 19. 5 x 9 | 20. 9 x 6 | 21. 9 x 2 | 22. 9 x 7 | 23. 9 x 6 | 24. 2 x 9 |
| 25. 3 x 9 | 26. 9 x 4 | 27. 9 x 5 | 28. 9 x 8 | 29. 6 x 9 | 30. 0 x 9 |
| 31. 1 x 9 | 32. 7 x 9 | 33. 5 x 9 | 34. 9 x 9 | 35. 9 x 7 | 36. 9 x 5 |
| 37. 9 x 0 | 38. 3 x 9 | 39. 9 x 9 | 40. 4 x 9 | 41. 9 x 1 | 42. 9 x 8 |
| 43. 5 x 9 | 44. 9 x 6 | 45. 3 x 9 | 46. 0 x 9 | 47. 8 x 9 | 48. 2 x 9 |
| 49. 9 x 9 | 50. 6 x 9 | 51. 9 x 5 | 52. 9 x 8 | 53. 9 x 4 | 54. 5 x 9 |
| 55. 2 x 9 | 56. 4 x 9 | 57. 9 x 5 | 58. 9 x 1 | 59. 9 x 7 | 60. 8 x 9 |

Name: _____

Score: /60

Time: :

| | | |
|---|---|---|
| 1. 10<br>x 8 | 2. 11<br>x 3 | 3. 9<br>x 10 |
| 4. 11<br>x 6 | 5. 11<br>x 8 | 6. 10<br>x 5 |

| | | |
|---|---|---|
| 7. 4<br>x 11 | 8. 10<br>x 4 | 9. 6<br>x 10 |
| 10. 11<br>x 9 | 11. 3<br>x 10 | 12. 11<br>x 8 |

| | | |
|---|---|---|
| 13. 5<br>x 11 | 14. 3<br>x 11 | 15. 9<br>x 10 |
| 16. 10<br>x 4 | 17. 6<br>x 11 | 18. 11<br>x 7 |

| | | |
|---|---|---|
| 19. 11<br>x 8 | 20. 10<br>x 3 | 21. 7<br>x 11 |
| 22. 10<br>x 8 | 23. 10<br>x 2 | 24. 11<br>x 9 |

| | | |
|---|---|---|
| 25. 10<br>x 0 | 26. 3<br>x 11 | 27. 11<br>x 11 |
| 28. 1<br>x 10 | 29. 6<br>x 10 | 30. 8<br>x 11 |

| | | |
|---|---|---|
| 31. 10<br>x 2 | 32. 7<br>x 10 | 33. 5<br>x 11 |
| 34. 4<br>x 10 | 35. 9<br>x 11 | 36. 11<br>x 5 |

| | | |
|---|---|---|
| 37. 10<br>x 10 | 38. 0<br>x 11 | 39. 10<br>x 7 |
| 40. 5<br>x 10 | 41. 8<br>x 10 | 42. 10<br>x 9 |

| | | |
|---|---|---|
| 43. 6<br>x 11 | 44. 11<br>x 5 | 45. 10<br>x 9 |
| 46. 11<br>x 10 | 47. 10<br>x 4 | 48. 11<br>x 11 |

| | | |
|---|---|---|
| 49. 10<br>x 3 | 50. 1<br>x 11 | 51. 11<br>x 5 |
| 52. 10<br>x 6 | 53. 10<br>x 10 | 54. 3<br>x 10 |

| | | |
|---|---|---|
| 55. 9<br>x 11 | 56. 11<br>x 10 | 57. 2<br>x 11 |
| 58. 10<br>x 5 | 59. 4<br>x 10 | 60. 6<br>x 11 |

Name: _____

Score: /60

Time: :

| | | | |
|---|---|---|---|
| 1. 10 x 8 | 2. 11 x 3 | 3. 6 x 11 | 4. 10 x 5 |

1. 10
   x 8
2. 11
   x 3
3. 6
   x 11
4. 10
   x 5
5. 10
   x 11
6. 11
   x 5

7. 10
   x 10
8. 10
   x 11
9. 11
   x 5
10. 11
    x 9
11. 4
    x 10
12. 6
    x 10

13. 2
    x 10
14. 11
    x 7
15. 0
    x 11
16. 10
    x 9
17. 11
    x 11
18. 2
    x 11

19. 4
    x 10
20. 3
    x 10
21. 11
    x 2
22. 10
    x 6
23. 11
    x 8
24. 11
    x 3

25. 11
    x 11
26. 10
    x 4
27. 9
    x 11
28. 10
    x 8
29. 11
    x 5
30. 4
    x 11

31. 6
    x 10
32. 0
    x 10
33. 5
    x 10
34. 11
    x 1
35. 9
    x 11
36. 10
    x 3

37. 6
    x 11
38. 11
    x 2
39. 10
    x 7
40. 4
    x 10
41. 10
    x 10
42. 11
    x 5

43. 11
    x 4
44. 10
    x 6
45. 10
    x 9
46. 2
    x 11
47. 8
    x 11
48. 6
    x 10

49. 11
    x 8
50. 7
    x 10
51. 11
    x 11
52. 10
    x 2
53. 10
    x 9
54. 11
    x 1

55. 5
    x 11
56. 11
    x 2
57. 10
    x 9
58. 3
    x 11
59. 11
    x 10
60. 7
    x 11

Name: _____

Score: /60

Time: :

| | | | | | |
|---|---|---|---|---|---|
| 1. 11 x 10 | 2. 11 x 7 | 3. 9 x 11 | 4. 10 x 5 | 5. 10 x 9 | 6. 10 x 10 |
| 7. 11 x 4 | 8. 7 x 11 | 9. 10 x 5 | 10. 10 x 7 | 11. 11 x 9 | 12. 6 x 10 |
| 13. 11 x 9 | 14. 11 x 11 | 15. 10 x 1 | 16. 6 x 11 | 17. 10 x 0 | 18. 11 x 3 |
| 19. 11 x 2 | 20. 11 x 4 | 21. 8 x 10 | 22. 11 x 8 | 23. 10 x 9 | 24. 11 x 7 |
| 25. 7 x 11 | 26. 10 x 4 | 27. 11 x 10 | 28. 10 x 10 | 29. 11 x 9 | 30. 3 x 11 |
| 31. 10 x 1 | 32. 8 x 11 | 33. 11 x 1 | 34. 11 x 11 | 35. 11 x 4 | 36. 10 x 9 |
| 37. 9 x 10 | 38. 7 x 10 | 39. 2 x 11 | 40. 11 x 5 | 41. 10 x 10 | 42. 11 x 9 |
| 43. 11 x 3 | 44. 8 x 11 | 45. 10 x 4 | 46. 8 x 10 | 47. 10 x 1 | 48. 11 x 5 |
| 49. 10 x 3 | 50. 11 x 7 | 51. 5 x 11 | 52. 11 x 4 | 53. 10 x 0 | 54. 11 x 4 |
| 55. 10 x 5 | 56. 8 x 11 | 57. 11 x 11 | 58. 10 x 8 | 59. 10 x 10 | 60. 9 x 10 |

Name: _____

Score: /60

Time: :

1. 11
x 4

2. 8
x 11

3. 10
x 7

4. 11
x 10

5. 10
x 9

6. 11
x 5

7. 7
x 11

8. 5
x 10

9. 11
x 11

10. 7
x 10

11. 11
x 4

12. 1
x 10

13. 11
x 10

14. 3
x 11

15. 10
x 9

16. 10
x 4

17. 11
x 6

18. 2
x 10

19. 6
x 10

20. 11
x 4

21. 2
x 11

22. 3
x 10

23. 10
x 5

24. 11
x 3

25. 9
x 11

26. 1
x 11

27. 10
x 5

28. 10
x 8

29. 5
x 11

30. 11
x 11

31. 4
x 11

32. 0
x 10

33. 10
x 5

34. 1
x 10

35. 9
x 10

36. 11
x 8

37. 7
x 11

38. 11
x 5

39. 10
x 9

40. 8
x 10

41. 11
x 1

42. 10
x 6

43. 11
x 3

44. 10
x 10

45. 6
x 10

46. 2
x 11

47. 8
x 11

48. 11
x 6

49. 11
x 0

50. 10
x 3

51. 10
x 5

52. 4
x 11

53. 10
x 6

54. 10
x 1

55. 10
x 5

56. 11
x 7

57. 10
x 9

58. 8
x 10

59. 2
x 11

60. 11
x 3

Name: _____

Score: /60

Time: :

| | | | | | |
|---|---|---|---|---|---|
| 1. 4<br>x 11 | 2. 10<br>x 7 | 3. 11<br>x 5 | 4. 11<br>x 9 | 5. 6<br>x 10 | 6. 7<br>x 11 |
| 7. 10<br>x 9 | 8. 5<br>x 11 | 9. 8<br>x 10 | 10. 2<br>x 10 | 11. 10<br>x 4 | 12. 11<br>x 0 |
| 13. 6<br>x 11 | 14. 10<br>x 4 | 15. 9<br>x 11 | 16. 10<br>x 10 | 17. 6<br>x 10 | 18. 11<br>x 7 |
| 19. 5<br>x 10 | 20. 11<br>x 11 | 21. 10<br>x 2 | 22. 10<br>x 11 | 23. 11<br>x 6 | 24. 2<br>x 10 |
| 25. 3<br>x 10 | 26. 11<br>x 4 | 27. 10<br>x 5 | 28. 11<br>x 8 | 29. 6<br>x 10 | 30. 0<br>x 10 |
| 31. 1<br>x 11 | 32. 7<br>x 10 | 33. 11<br>x 11 | 34. 10<br>x 9 | 35. 11<br>x 7 | 36. 11<br>x 5 |
| 37. 11<br>x 0 | 38. 3<br>x 10 | 39. 10<br>x 9 | 40. 4<br>x 11 | 41. 10<br>x 11 | 42. 11<br>x 8 |
| 43. 5<br>x 10 | 44. 10<br>x 6 | 45. 3<br>x 11 | 46. 0<br>x 10 | 47. 8<br>x 11 | 48. 2<br>x 10 |
| 49. 10<br>x 9 | 50. 6<br>x 11 | 51. 11<br>x 11 | 52. 11<br>x 8 | 53. 10<br>x 4 | 54. 10<br>x 10 |
| 55. 2<br>x 10 | 56. 4<br>x 11 | 57. 10<br>x 5 | 58. 11<br>x 1 | 59. 11<br>x 7 | 60. 8<br>x 10 |

Name: _____

Score: /60

Time: :

| | | | | | |
|---|---|---|---|---|---|
| 1. 10<br>x 9 | 2. 10<br>x 8 | 3. 9<br>x 11 | 4. 10<br>x 11 | 5. 10<br>x 4 | 6. 11<br>x 11 |
| 7. 11<br>x 4 | 8. 10<br>x 1 | 9. 6<br>x 10 | 10. 11<br>x 9 | 11. 4<br>x 10 | 12. 11<br>x 3 |
| 13. 7<br>x 11 | 14. 10<br>x 2 | 15. 11<br>x 11 | 16. 10<br>x 8 | 17. 0<br>x 11 | 18. 10<br>x 7 |
| 19. 6<br>x 10 | 20. 4<br>x 11 | 21. 11<br>x 2 | 22. 10<br>x 7 | 23. 9<br>x 10 | 24. 11<br>x 5 |
| 25. 10<br>x 4 | 26. 3<br>x 11 | 27. 11<br>x 2 | 28. 10<br>x 7 | 29. 6<br>x 10 | 30. 1<br>x 10 |
| 31. 4<br>x 11 | 32. 7<br>x 11 | 33. 10<br>x 10 | 34. 11<br>x 1 | 35. 9<br>x 10 | 36. 7<br>x 10 |
| 37. 11<br>x 5 | 38. 11<br>x 3 | 39. 10<br>x 7 | 40. 5<br>x 10 | 41. 11<br>x 8 | 42. 11<br>x 11 |
| 43. 10<br>x 1 | 44. 10<br>x 6 | 45. 11<br>x 9 | 46. 3<br>x 10 | 47. 6<br>x 11 | 48. 10<br>x 2 |
| 49. 9<br>x 10 | 50. 11<br>x 11 | 51. 5<br>x 11 | 52. 10<br>x 8 | 53. 5<br>x 10 | 54. 10<br>x 3 |
| 55. 11<br>x 1 | 56. 10<br>x 11 | 57. 4<br>x 11 | 58. 6<br>x 10 | 59. 11<br>x 5 | 60. 8<br>x 11 |

Name: _____

Score: /60

Time: :

1. 8
x 11

2. 10
x 6

3. 10
x 11

4. 10
x 10

5. 10
x 2

6. 6
x 11

7. 11
x 9

8. 5
x 10

9. 6
x 10

10. 10
x 9

11. 10
x 5

12. 11
x 1

13. 7
x 11

14. 0
x 10

15. 5
x 11

16. 10
x 8

17. 6
x 10

18. 10
x 7

19. 11
x 3

20. 4
x 11

21. 10
x 2

22. 11
x 9

23. 0
x 11

24. 11
x 7

25. 5
x 10

26. 11
x 4

27. 10
x 3

28. 10
x 11

29. 6
x 10

30. 8
x 11

31. 10
x 8

32. 7
x 11

33. 4
x 10

34. 10
x 1

35. 9
x 10

36. 11
x 5

37. 11
x 4

38. 3
x 11

39. 10
x 7

40. 5
x 11

41. 10
x 4

42. 10
x 8

43. 11
x 11

44. 10
x 6

45. 11
x 9

46. 3
x 10

47. 6
x 11

48. 11
x 2

49. 9
x 10

50. 10
x 11

51. 11
x 11

52. 11
x 8

53. 1
x 10

54. 10
x 10

55. 11
x 7

56. 4
x 10

57. 11
x 5

58. 11
x 10

59. 10
x 11

60. 10
x 6

# Day 68
## Multiplying 12's

Name: _____

Score: /60

Time: :

1. 12
   x 8

2. 12
   x 5

3. 12
   x 2

4. 12
   x 12

5. 11
   x 12

6. 12
   x 10

7. 12
   x 9

8. 12
   x 4

9. 8
   x 12

10. 12
    x 7

11. 6
    x 12

12. 12
    x 12

13. 7
    x 12

14. 12
    x 10

15. 9
    x 12

16. 12
    x 0

17. 6
    x 12

18. 12
    x 7

19. 12
    x 8

20. 3
    x 12

21. 12
    x 8

22. 11
    x 12

23. 12
    x 1

24. 12
    x 5

25. 12
    x 0

26. 11
    x 12

27. 12
    x 3

28. 12
    x 4

29. 12
    x 6

30. 8
    x 12

31. 2
    x 12

32. 7
    x 12

33. 12
    x 10

34. 9
    x 12

35. 12
    x 4

36. 12
    x 6

37. 1
    x 12

38. 12
    x 5

39. 12
    x 7

40. 2
    x 12

41. 12
    x 4

42. 12
    x 9

43. 6
    x 12

44. 12
    x 7

45. 12
    x 9

46. 2
    x 12

47. 8
    x 12

48. 12
    x 1

49. 12
    x 12

50. 1
    x 12

51. 12
    x 5

52. 12
    x 6

53. 12
    x 9

54. 12
    x 3

55. 9
    x 12

56. 12
    x 0

57. 12
    x 10

58. 4
    x 12

59. 12
    x 3

60. 6
    x 12

Name: _____

Score: /60

Time: :

1. 12
x 4

2. 12
x 8

3. 9
x 12

4. 12
x 6

5. 0
x 12

6. 12
x 11

7. 12
x 0

8. 5
x 12

9. 8
x 12

10. 12
x 9

11. 12
x 6

12. 1
x 12

13. 4
x 12

14. 7
x 12

15. 9
x 12

16. 12
x 12

17. 6
x 12

18. 12
x 2

19. 8
x 12

20. 3
x 12

21. 10
x 12

22. 12
x 9

23. 12
x 11

24. 12
x 0

25. 12
x 2

26. 3
x 12

27. 12
x 12

28. 12
x 5

29. 6
x 12

30. 8
x 12

31. 11
x 12

32. 7
x 12

33. 5
x 12

34. 12
x 3

35. 4
x 12

36. 12
x 6

37. 12
x 3

38. 0
x 12

39. 12
x 7

40. 2
x 12

41. 9
x 12

42. 12
x 8

43. 5
x 12

44. 12
x 11

45. 12
x 9

46. 12
x 4

47. 12
x 5

48. 8
x 12

49. 1
x 12

50. 12
x 0

51. 12
x 10

52. 8
x 12

53. 12
x 6

54. 3
x 12

55. 5
x 12

56. 12
x 7

57. 12
x 12

58. 3
x 12

59. 12
x 4

60. 12
x 11

Name: _____

Score: /60

Time: __ : __

| | | | | | |
|---|---|---|---|---|---|
| 1. 12 x 7 | 2. 12 x 8 | 3. 2 x 12 | 4. 12 x 11 | 5. 12 x 5 | 6. 10 x 12 |
| 7. 12 x 2 | 8. 5 x 12 | 9. 0 x 12 | 10. 12 x 9 | 11. 12 x 4 | 12. 1 x 12 |
| 13. 7 x 12 | 14. 3 x 12 | 15. 12 x 9 | 16. 12 x 11 | 17. 12 x 6 | 18. 2 x 12 |
| 19. 6 x 12 | 20. 12 x 4 | 21. 2 x 12 | 22. 3 x 12 | 23. 12 x 5 | 24. 12 x 3 |
| 25. 9 x 12 | 26. 1 x 12 | 27. 12 x 5 | 28. 12 x 8 | 29. 5 x 12 | 30. 12 x 12 |
| 31. 4 x 12 | 32. 11 x 12 | 33. 12 x 12 | 34. 1 x 12 | 35. 9 x 12 | 36. 12 x 8 |
| 37. 7 x 12 | 38. 12 x 5 | 39. 12 x 10 | 40. 8 x 12 | 41. 12 x 1 | 42. 12 x 6 |
| 43. 12 x 3 | 44. 9 x 12 | 45. 6 x 12 | 46. 2 x 12 | 47. 11 x 12 | 48. 12 x 6 |
| 49. 12 x 10 | 50. 12 x 3 | 51. 12 x 5 | 52. 4 x 12 | 53. 12 x 12 | 54. 12 x 1 |
| 55. 12 x 5 | 56. 7 x 12 | 57. 12 x 9 | 58. 8 x 12 | 59. 2 x 12 | 60. 12 x 3 |

# Day 71
## Multiplying 12's

1. 12 x 5
2. 11 x 12
3. 12 x 3
4. 9 x 12
5. 12 x 6
6. 8 x 12

7. 12 x 12
8. 5 x 12
9. 6 x 12
10. 12 x 9
11. 12 x 5
12. 12 x 1

13. 7 x 12
14. 12 x 3
15. 5 x 12
16. 12 x 8
17. 11 x 12
18. 12 x 7

19. 0 x 12
20. 4 x 12
21. 12 x 2
22. 12 x 9
23. 10 x 12
24. 12 x 7

25. 5 x 12
26. 12 x 11
27. 12 x 3
28. 12 x 0
29. 6 x 12
30. 8 x 12

31. 12 x 8
32. 7 x 12
33. 4 x 12
34. 12 x 12
35. 9 x 12
36. 12 x 5

37. 12 x 4
38. 3 x 12
39. 12 x 7
40. 5 x 12
41. 12 x 4
42. 12 x 8

43. 5 x 12
44. 12 x 6
45. 12 x 9
46. 3 x 12
47. 6 x 12
48. 12 x 2

49. 9 x 12
50. 1 x 12
51. 12 x 2
52. 12 x 8
53. 11 x 12
54. 3 x 12

55. 12 x 10
56. 4 x 12
57. 12 x 5
58. 12 x 12
59. 12 x 8
60. 12 x 6

Name: _____

Score: /60

Time: :

| | | | | | |
|---|---|---|---|---|---|
| 1. 12 x 2 | 2. 8 x 12 | 3. 5 x 12 | 4. 9 x 12 | 5. 12 x 8 | 6. 12 x 12 |
| 7. 4 x 12 | 8. 10 x 12 | 9. 6 x 12 | 10. 11 x 12 | 11. 3 x 12 | 12. 12 x 8 |
| 13. 5 x 12 | 14. 12 x 11 | 15. 9 x 12 | 16. 12 x 4 | 17. 6 x 12 | 18. 12 x 7 |
| 19. 12 x 8 | 20. 10 x 12 | 21. 7 x 12 | 22. 12 x 8 | 23. 12 x 2 | 24. 12 x 9 |
| 25. 10 x 12 | 26. 0 x 12 | 27. 12 x 11 | 28. 1 x 12 | 29. 6 x 12 | 30. 12 x 12 |
| 31. 12 x 2 | 32. 7 x 12 | 33. 5 x 12 | 34. 4 x 12 | 35. 9 x 12 | 36. 12 x 5 |
| 37. 12 x 10 | 38. 12 x 11 | 39. 12 x 7 | 40. 12 x 12 | 41. 8 x 12 | 42. 12 x 9 |
| 43. 6 x 12 | 44. 12 x 5 | 45. 12 x 9 | 46. 12 x 10 | 47. 12 x 4 | 48. 11 x 12 |
| 49. 12 x 3 | 50. 1 x 12 | 51. 12 x 5 | 52. 12 x 6 | 53. 10 x 12 | 54. 3 x 12 |
| 55. 9 x 12 | 56. 12 x 10 | 57. 2 x 12 | 58. 12 x 5 | 59. 4 x 12 | 60. 12 x 11 |

Name: _____

Score: /60

Time: :

1. 12
x 1

2. 12
x 12

3. 12
x 9

4. 7
x 12

5. 12
x 5

6. 0
x 12

7. 6
x 12

8. 12
x 4

9. 8
x 12

10. 12
x 11

11. 12
x 6

12. 12
x 10

13. 7
x 12

14. 12
x 4

15. 9
x 12

16. 12
x 12

17. 12
x 5

18. 12
x 7

19. 12
x 6

20. 3
x 12

21. 12
x 8

22. 12
x 5

23. 12
x 1

24. 12
x 11

25. 10
x 12

26. 1
x 12

27. 12
x 3

28. 12
x 4

29. 8
x 12

30. 12
x 6

31. 2
x 12

32. 7
x 12

33. 12
x 11

34. 9
x 12

35. 12
x 4

36. 12
x 12

37. 12
x 6

38. 5
x 12

39. 12
x 7

40. 12
x 2

41. 12
x 10

42. 12
x 9

43. 12
x 8

44. 12
x 7

45. 12
x 9

46. 2
x 12

47. 12
x 6

48. 12
x 1

49. 4
x 12

50. 12
x 10

51. 12
x 5

52. 12
x 12

53. 10
x 12

54. 12
x 3

55. 12
x 6

56. 5
x 12

57. 12
x 2

58. 12
x 11

59. 12
x 3

60. 12
x 9

Name: _____

Score: /60

Time: :

| | | | | | |
|---|---|---|---|---|---|
| 1. 12<br>x 0 | 2. 12<br>x 3 | 3. 12<br>x 8 | 4. 9<br>x 12 | 5. 12<br>x 8 | 6. 10<br>x 12 |
| 7. 12<br>x 7 | 8. 5<br>x 12 | 9. 8<br>x 12 | 10. 12<br>x 10 | 11. 12<br>x 4 | 12. 2<br>x 12 |
| 13. 6<br>x 12 | 14. 12<br>x 11 | 15. 3<br>x 12 | 16. 12<br>x 7 | 17. 6<br>x 12 | 18. 12<br>x 7 |
| 19. 5<br>x 12 | 20. 12<br>x 12 | 21. 2<br>x 12 | 22. 12<br>x 9 | 23. 12<br>x 11 | 24. 12<br>x 3 |
| 25. 9<br>x 12 | 26. 12<br>x 4 | 27. 12<br>x 5 | 28. 12<br>x 8 | 29. 6<br>x 12 | 30. 12<br>x 2 |
| 31. 1<br>x 12 | 32. 7<br>x 12 | 33. 5<br>x 12 | 34. 12<br>x 0 | 35. 9<br>x 12 | 36. 12<br>x 5 |
| 37. 4<br>x 12 | 38. 3<br>x 12 | 39. 12<br>x 9 | 40. 10<br>x 12 | 41. 12<br>x 12 | 42. 12<br>x 8 |
| 43. 5<br>x 12 | 44. 12<br>x 6 | 45. 12<br>x 9 | 46. 12<br>x 11 | 47. 8<br>x 12 | 48. 12<br>x 2 |
| 49. 12<br>x 1 | 50. 0<br>x 12 | 51. 12<br>x 12 | 52. 12<br>x 8 | 53. 12<br>x 4 | 54. 12<br>x 8 |
| 55. 12<br>x 9 | 56. 4<br>x 12 | 57. 12<br>x 5 | 58. 11<br>x 12 | 59. 12<br>x 7 | 60. 10<br>x 12 |

Name: _____

Score: /60

Time: :

1. 1
x 4

2. 5
x 3

3. 2
x 2

4. 10
x 5

5. 3
x 9

6. 5
x 5

7. 12
x 9

8. 7
x 2

9. 9
x 1

10. 11
x 8

11. 9
x 4

12. 10
x 6

13. 9
x 8

14. 12
x 6

15. 8
x 6

16. 10
x 9

17. 5
x 6

18. 9
x 7

19. 11
x 7

20. 10
x 12

21. 12
x 9

22. 6
x 4

23. 11
x 6

24. 9
x 9

25. 9
x 6

26. 7
x 8

27. 3
x 6

28. 7
x 0

29. 11
x 2

30. 8
x 4

31. 9
x 9

32. 8
x 2

33. 7
x 5

34. 4
x 6

35. 10
x 1

36. 3
x 12

37. 11
x 4

38. 7
x 6

39. 2
x 8

40. 8
x 5

41. 4
x 4

42. 6
x 2

43. 9
x 1

44. 5
x 9

45. 12
x 8

46. 7
x 2

47. 4
x 9

48. 7
x 5

49. 8
x 6

50. 9
x 8

51. 11
x 7

52. 5
x 8

53. 8
x 8

54. 8
x 3

55. 7
x 3

56. 5
x 5

57. 12
x 9

58. 9
x 4

59. 7
x 8

60. 6
x 6

Name: _____

Score: /60

Time: :

| | | | | | |
|---|---|---|---|---|---|
| 1. **7** x 4 | 2. **5** x 9 | 3. **2** x 9 | 4. **2** x 5 | 5. **3** x 7 | 6. **11** x 5 |
| 7. **9** x 3 | 8. **7** x 7 | 9. **8** x 6 | 10. **6** x 3 | 11. **12** x 4 | 12. **6** x 7 |
| 13. **4** x 4 | 14. **8** x 4 | 15. **9** x 8 | 16. **5** x 9 | 17. **8** x 2 | 18. **5** x 3 |
| 19. **9** x 6 | 20. **8** x 8 | 21. **6** x 6 | 22. **6** x 2 | 23. **6** x 7 | 24. **3** x 3 |
| 25. **12** x 5 | 26. **7** x 4 | 27. **9** x 7 | 28. **11** x 11 | 29. **4** x 5 | 30. **5** x 8 |
| 31. **8** x 6 | 32. **12** x 11 | 33. **7** x 7 | 34. **9** x 6 | 35. **8** x 7 | 36. **2** x 3 |
| 37. **3** x 6 | 38. **2** x 5 | 39. **12** x 12 | 40. **2** x 0 | 41. **1** x 6 | 42. **12** x 6 |
| 43. **7** x 5 | 44. **3** x 8 | 45. **9** x 4 | 46. **6** x 7 | 47. **3** x 4 | 48. **11** x 8 |
| 49. **8** x 4 | 50. **3** x 9 | 51. **4** x 4 | 52. **12** x 10 | 53. **9** x 7 | 54. **3** x 3 |
| 55. **10** x 3 | 56. **5** x 9 | 57. **8** x 6 | 58. **3** x 5 | 59. **8** x 9 | 60. **4** x 8 |

Name: _____

Score: /60

Time: :

| | | | | | |
|---|---|---|---|---|---|
| 1. 4 x 9 | 2. 6 x 2 | 3. 6 x 7 | 4. 9 x 5 | 5. 5 x 8 | 6. 2 x 7 |
| 7. 8 x 6 | 8. 10 x 2 | 9. 3 x 9 | 10. 7 x 7 | 11. 7 x 4 | 12. 6 x 6 |
| 13. 8 x 9 | 14. 4 x 5 | 15. 6 x 5 | 16. 8 x 8 | 17. 7 x 6 | 18. 6 x 3 |
| 19. 8 x 4 | 20. 11 x 11 | 21. 5 x 3 | 22. 4 x 2 | 23. 9 x 10 | 24. 12 x 8 |
| 25. 7 x 9 | 26. 2 x 2 | 27. 12 x 1 | 28. 9 x 9 | 29. 5 x 9 | 30. 8 x 4 |
| 31. 7 x 8 | 32. 5 x 5 | 33. 9 x 6 | 34. 8 x 3 | 35. 12 x 12 | 36. 6 x 1 |
| 37. 8 x 2 | 38. 10 x 6 | 39. 8 x 8 | 40. 3 x 5 | 41. 11 x 4 | 42. 7 x 3 |
| 43. 9 x 12 | 44. 7 x 9 | 45. 7 x 6 | 46. 4 x 8 | 47. 8 x 5 | 48. 6 x 4 |
| 49. 3 x 4 | 50. 3 x 9 | 51. 10 x 5 | 52. 9 x 9 | 53. 6 x 8 | 54. 6 x 3 |
| 55. 9 x 7 | 56. 12 x 7 | 57. 2 x 6 | 58. 5 x 4 | 59. 2 x 9 | 60. 8 x 3 |

# ⏱ Day 78
## Mixed Problems

Name: _____   Score: /60   Time: :

1. 4 x 9
2. 8 x 7
3. 6 x 5
4. 11 x 9
5. 2 x 5
6. 7 x 6

7. 8 x 6
8. 7 x 7
9. 4 x 4
10. 5 x 3
11. 9 x 4
12. 7 x 3

13. 9 x 2
14. 11 x 12
15. 7 x 1
16. 8 x 8
17. 2 x 4
18. 6 x 3

19. 7 x 7
20. 6 x 4
21. 7 x 9
22. 6 x 6
23. 12 x 9
24. 4 x 1

25. 8 x 5
26. 11 x 6
27. 12 x 12
28. 3 x 3
29. 8 x 9
30. 5 x 7

31. 11 x 11
32. 5 x 4
33. 4 x 9
34. 8 x 2
35. 3 x 7
36. 12 x 8

37. 3 x 9
38. 6 x 3
39. 11 x 7
40. 8 x 8
41. 6 x 5
42. 7 x 8

43. 4 x 4
44. 3 x 2
45. 12 x 10
46. 7 x 2
47. 6 x 9
48. 10 x 8

49. 2 x 8
50. 12 x 1
51. 5 x 5
52. 9 x 4
53. 7 x 6
54. 4 x 3

55. 10 x 11
56. 6 x 8
57. 3 x 10
58. 6 x 4
59. 9 x 5
60. 8 x 3

Name: _____

Score: /60

Time: :

| | | | | | |
|---|---|---|---|---|---|
| 1. **4** x 1 | 2. **11** x 3 | 3. **6** x 10 | 4. **3** x 5 | 5. **9** x 7 | 6. **12** x 4 |
| 7. **6** x 6 | 8. **7** x 8 | 9. **9** x 4 | 10. **8** x 8 | 11. **6** x 4 | 12. **3** x 9 |
| 13. **4** x 3 | 14. **12** x 3 | 15. **7** x 7 | 16. **8** x 9 | 17. **4** x 8 | 18. **6** x 7 |
| 19. **5** x 6 | 20. **4** x 4 | 21. **12** x 11 | 22. **5** x 4 | 23. **4** x 7 | 24. **8** x 9 |
| 25. **2** x 8 | 26. **5** x 8 | 27. **6** x 10 | 28. **7** x 2 | 29. **11** x 5 | 30. **1** x 4 |
| 31. **7** x 9 | 32. **8** x 4 | 33. **2** x 6 | 34. **12** x 8 | 35. **3** x 5 | 36. **3** x 9 |
| 37. **7** x 4 | 38. **3** x 6 | 39. **2** x 9 | 40. **10** x 0 | 41. **7** x 7 | 42. **8** x 6 |
| 43. **9** x 9 | 44. **5** x 5 | 45. **9** x 3 | 46. **11** x 11 | 47. **1** x 5 | 48. **6** x 5 |
| 49. **2** x 8 | 50. **9** x 11 | 51. **6** x 6 | 52. **5** x 8 | 53. **9** x 4 | 54. **3** x 3 |
| 55. **10** x 10 | 56. **0** x 5 | 57. **5** x 9 | 58. **4** x 8 | 59. **4** x 3 | 60. **6** x 7 |

Name: _____

Score: /60

Time: :

| | | | | | |
|---|---|---|---|---|---|
| 1. 6 x 8 | 2. 7 x 5 | 3. 5 x 3 | 4. 9 x 6 | 5. 12 x 9 | 6. 4 x 7 |
| 7. 8 x 5 | 8. 7 x 7 | 9. 3 x 10 | 10. 5 x 6 | 11. 3 x 4 | 12. 2 x 3 |
| 13. 12 x 4 | 14. 2 x 9 | 15. 7 x 6 | 16. 5 x 5 | 17. 8 x 1 | 18. 9 x 8 |
| 19. 7 x 9 | 20. 6 x 4 | 21. 12 x 11 | 22. 3 x 6 | 23. 3 x 9 | 24. 7 x 5 |
| 25. 9 x 6 | 26. 4 x 8 | 27. 7 x 9 | 28. 7 x 6 | 29. 6 x 2 | 30. 8 x 3 |
| 31. 4 x 3 | 32. 2 x 6 | 33. 10 x 10 | 34. 5 x 1 | 35. 12 x 5 | 36. 6 x 8 |
| 37. 8 x 8 | 38. 10 x 8 | 39. 11 x 7 | 40. 6 x 3 | 41. 7 x 5 | 42. 3 x 2 |
| 43. 9 x 5 | 44. 8 x 7 | 45. 7 x 2 | 46. 6 x 5 | 47. 4 x 9 | 48. 7 x 6 |
| 49. 9 x 8 | 50. 9 x 3 | 51. 8 x 5 | 52. 7 x 4 | 53. 5 x 0 | 54. 3 x 3 |
| 55. 2 x 2 | 56. 12 x 3 | 57. 5 x 4 | 58. 8 x 4 | 59. 6 x 3 | 60. 9 x 9 |

Name: _____

Score: /60

Time: :

| | | | | | |
|---|---|---|---|---|---|
| 1. 9<br>x 4 | 2. 2<br>x 6 | 3. 4<br>x 8 | 4. 7<br>x 5 | 5. 3<br>x 4 | 6. 9<br>x 6 |
| 7. 3<br>x 3 | 8. 5<br>x 2 | 9. 6<br>x 7 | 10. 7<br>x 3 | 11. 8<br>x 9 | 12. 7<br>x 0 |
| 13. 10<br>x 3 | 14. 5<br>x 4 | 15. 5<br>x 8 | 16. 4<br>x 4 | 17. 3<br>x 6 | 18. 9<br>x 4 |
| 19. 7<br>x 2 | 20. 6<br>x 6 | 21. 7<br>x 9 | 22. 5<br>x 3 | 23. 9<br>x 9 | 24. 6<br>x 10 |
| 25. 2<br>x 2 | 26. 1<br>x 3 | 27. 8<br>x 3 | 28. 5<br>x 5 | 29. 8<br>x 7 | 30. 6<br>x 4 |
| 31. 11<br>x 8 | 32. 10<br>x 10 | 33. 6<br>x 9 | 34. 8<br>x 1 | 35. 5<br>x 9 | 36. 12<br>x 8 |
| 37. 4<br>x 2 | 38. 7<br>x 1 | 39. 8<br>x 5 | 40. 12<br>x 12 | 41. 4<br>x 9 | 42. 3<br>x 2 |
| 43. 11<br>x 6 | 44. 4<br>x 3 | 45. 7<br>x 7 | 46. 11<br>x 10 | 47. 4<br>x 7 | 48. 6<br>x 12 |
| 49. 8<br>x 4 | 50. 10<br>x 3 | 51. 5<br>x 5 | 52. 8<br>x 9 | 53. 3<br>x 8 | 54. 12<br>x 3 |
| 55. 1<br>x 2 | 56. 8<br>x 8 | 57. 4<br>x 9 | 58. 7<br>x 3 | 59. 12<br>x 10 | 60. 11<br>x 2 |

# Day 82
## Mixed Problems

Name: _____

Score: /60

Time: :

| | | | | | |
|---|---|---|---|---|---|
| 1. 6 x5 | 2. 3 x1 | 3. 2 x5 | 4. 1 x5 | 5. 3 x7 | 6. 5 x5 |
| 7. 0 x3 | 8. 5 x2 | 9. 1 x1 | 10. 3 x3 | 11. 2 x6 | 12. 9 x9 |
| 13. 5 x4 | 14. 7 x4 | 15. 5 x12 | 16. 4 x8 | 17. 9 x1 | 18. 8 x3 |
| 19. 8 x6 | 20. 9 x4 | 21. 2 x9 | 22. 5 x4 | 23. 4 x8 | 24. 7 x11 |
| 25. 12 x12 | 26. 10 x4 | 27. 6 x3 | 28. 4 x2 | 29. 2 x9 | 30. 11 x11 |
| 31. 10 x8 | 32. 6 x9 | 33. 8 x1 | 34. 5 x3 | 35. 9 x4 | 36. 3 x3 |
| 37. 4 x0 | 38. 7 x1 | 39. 11 x4 | 40. 8 x8 | 41. 8 x9 | 42. 6 x7 |
| 43. 6 x4 | 44. 5 x5 | 45. 12 x8 | 46. 1 x1 | 47. 6 x6 | 48. 12 x10 |
| 49. 5 x6 | 50. 9 x9 | 51. 8 x5 | 52. 12 x2 | 53. 11 x3 | 54. 6 x3 |
| 55. 8 x2 | 56. 3 x9 | 57. 7 x5 | 58. 8 x4 | 59. 9 x7 | 60. 7 x7 |

Name: _____

Score: /60

Time: :

| | | | | | |
|---|---|---|---|---|---|
| 1. 3 <br> x 11 | 2. 8 <br> x 5 | 3. 8 <br> x 2 | 4. 9 <br> x 5 | 5. 4 <br> x 6 | 6. 7 <br> x 8 |
| 7. 10 <br> x 4 | 8. 5 <br> x 6 | 9. 3 <br> x 7 | 10. 5 <br> x 8 | 11. 7 <br> x 4 | 12. 1 <br> x 6 |
| 13. 9 <br> x 7 | 14. 6 <br> x 7 | 15. 5 <br> x 9 | 16. 3 <br> x 4 | 17. 7 <br> x 8 | 18. 1 <br> x 10 |
| 19. 5 <br> x 5 | 20. 8 <br> x 4 | 21. 4 <br> x 7 | 22. 5 <br> x 4 | 23. 6 <br> x 1 | 24. 9 <br> x 8 |
| 25. 5 <br> x 11 | 26. 8 <br> x 8 | 27. 4 <br> x 2 | 28. 5 <br> x 7 | 29. 12 <br> x 8 | 30. 5 <br> x 4 |
| 31. 11 <br> x 11 | 32. 8 <br> x 2 | 33. 10 <br> x 5 | 34. 0 <br> x 9 | 35. 10 <br> x 4 | 36. 6 <br> x 9 |
| 37. 6 <br> x 4 | 38. 7 <br> x 6 | 39. 11 <br> x 8 | 40. 10 <br> x 10 | 41. 3 <br> x 4 | 42. 8 <br> x 2 |
| 43. 3 <br> x 1 | 44. 5 <br> x 4 | 45. 10 <br> x 3 | 46. 5 <br> x 2 | 47. 4 <br> x 9 | 48. 7 <br> x 8 |
| 49. 12 <br> x 6 | 50. 9 <br> x 8 | 51. 7 <br> x 7 | 52. 3 <br> x 8 | 53. 7 <br> x 4 | 54. 5 <br> x 3 |
| 55. 6 <br> x 8 | 56. 12 <br> x 5 | 57. 7 <br> x 9 | 58. 4 <br> x 4 | 59. 9 <br> x 3 | 60. 4 <br> x 2 |

Name: _____

Score: /60

Time: :

| | | | | | |
|---|---|---|---|---|---|
| 1. 4 x 10 | 2. 5 x 6 | 3. 3 x 2 | 4. 8 x 5 | 5. 6 x 7 | 6. 2 x 5 |
| 7. 4 x 3 | 8. 9 x 7 | 9. 2 x 7 | 10. 8 x 3 | 11. 7 x 4 | 12. 9 x 5 |
| 13. 8 x 4 | 14. 9 x 2 | 15. 5 x 1 | 16. 6 x 7 | 17. 3 x 6 | 18. 8 x 7 |
| 19. 1 x 2 | 20. 2 x 4 | 21. 3 x 8 | 22. 4 x 7 | 23. 7 x 9 | 24. 8 x 2 |
| 25. 0 x 9 | 26. 7 x 4 | 27. 9 x 3 | 28. 5 x 12 | 29. 8 x 9 | 30. 6 x 4 |
| 31. 8 x 11 | 32. 12 x 9 | 33. 10 x 8 | 34. 7 x 6 | 35. 5 x 4 | 36. 10 x 3 |
| 37. 4 x 6 | 38. 5 x 5 | 39. 2 x 9 | 40. 9 x 5 | 41. 12 x 7 | 42. 10 x 8 |
| 43. 6 x 6 | 44. 3 x 5 | 45. 3 x 8 | 46. 6 x 2 | 47. 4 x 9 | 48. 6 x 8 |
| 49. 7 x 4 | 50. 3 x 12 | 51. 7 x 7 | 52. 12 x 9 | 53. 8 x 7 | 54. 7 x 3 |
| 55. 1 x 5 | 56. 11 x 4 | 57. 8 x 8 | 58. 3 x 4 | 59. 3 x 9 | 60. 10 x 6 |

# Day 85

**Mixed Problems**

Name: _____

Score: /60

Time: :

1. 10
   x 6

2. 7
   x 4

3. 3
   x 4

4. 8
   x 9

5. 7
   x 6

6. 5
   x 9

7. 6
   x 6

8. 12
   x 2

9. 7
   x 8

10. 5
    x 3

11. 4
    x 4

12. 7
    x 9

13. 5
    x 11

14. 9
    x 4

15. 5
    x 7

16. 2
    x 8

17. 6
    x 4

18. 4
    x 7

19. 3
    x 9

20. 5
    x 4

21. 2
    x 2

22. 6
    x 8

23. 2
    x 9

24. 3
    x 7

25. 2
    x 4

26. 11
    x 4

27. 12
    x 3

28. 3
    x 2

29. 8
    x 0

30. 9
    x 4

31. 1
    x 1

32. 8
    x 8

33. 9
    x 1

34. 11
    x 9

35. 4
    x 4

36. 12
    x 9

37. 3
    x 3

38. 8
    x 3

39. 10
    x 10

40. 6
    x 7

41. 4
    x 6

42. 8
    x 9

43. 10
    x 3

44. 5
    x 5

45. 7
    x 4

46. 5
    x 8

47. 6
    x 1

48. 6
    x 5

49. 11
    x 7

50. 12
    x 7

51. 4
    x 5

52. 2
    x 4

53. 9
    x 9

54. 6
    x 7

55. 3
    x 5

56. 7
    x 8

57. 9
    x 5

58. 4
    x 8

59. 0
    x 5

60. 7
    x 9

Name: _____

Score: /60

Time: :

| | | | | | |
|---|---|---|---|---|---|
| 1. 7 <br> x 6 | 2. 8 <br> x 3 | 3. 2 <br> x 6 | 4. 12 <br> x 11 | 5. 9 <br> x 4 | 6. 5 <br> x 8 |
| 7. 6 <br> x 4 | 8. 11 <br> x 5 | 9. 8 <br> x 9 | 10. 3 <br> x 3 | 11. 8 <br> x 4 | 12. 8 <br> x 8 |
| 13. 6 <br> x 9 | 14. 8 <br> x 7 | 15. 5 <br> x 9 | 16. 12 <br> x 12 | 17. 5 <br> x 5 | 18. 2 <br> x 7 |
| 19. 3 <br> x 7 | 20. 3 <br> x 9 | 21. 9 <br> x 8 | 22. 5 <br> x 4 | 23. 10 <br> x 10 | 24. 9 <br> x 2 |
| 25. 5 <br> x 7 | 26. 6 <br> x 6 | 27. 11 <br> x 3 | 28. 5 <br> x 2 | 29. 7 <br> x 7 | 30. 9 <br> x 4 |
| 31. 11 <br> x 11 | 32. 10 <br> x 4 | 33. 6 <br> x 5 | 34. 8 <br> x 2 | 35. 9 <br> x 7 | 36. 1 <br> x 8 |
| 37. 3 <br> x 9 | 38. 10 <br> x 11 | 39. 3 <br> x 7 | 40. 0 <br> x 3 | 41. 8 <br> x 5 | 42. 9 <br> x 9 |
| 43. 3 <br> x 5 | 44. 3 <br> x 3 | 45. 12 <br> x 8 | 46. 12 <br> x 10 | 47. 5 <br> x 9 | 48. 10 <br> x 8 |
| 49. 6 <br> x 8 | 50. 12 <br> x 3 | 51. 4 <br> x 5 | 52. 8 <br> x 4 | 53. 9 <br> x 8 | 54. 7 <br> x 3 |
| 55. 0 <br> x 9 | 56. 1 <br> x 7 | 57. 4 <br> x 4 | 58. 7 <br> x 8 | 59. 9 <br> x 6 | 60. 4 <br> x 3 |

Name: _____

Score: /60

Time: :

1. 5
x 5

2. 9
x 6

3. 8
x 7

4. 1
x 5

5. 2
x 6

6. 7
x 3

7. 11
x 11

8. 5
x 2

9. 1
x 1

10. 7
x 8

11. 2
x 4

12. 9
x 6

13. 5
x 8

14. 9
x 4

15. 6
x 1

16. 12
x 12

17. 7
x 2

18. 10
x 9

19. 8
x 0

20. 3
x 4

21. 8
x 0

22. 5
x 4

23. 8
x 8

24. 3
x 2

25. 9
x 7

26. 10
x 10

27. 7
x 7

28. 2
x 2

29. 4
x 7

30. 5
x 4

31. 11
x 8

32. 9
x 8

33. 12
x 6

34. 9
x 7

35. 11
x 6

36. 12
x 8

37. 4
x 2

38. 4
x 12

39. 8
x 5

40. 12
x 5

41. 6
x 9

42. 9
x 2

43. 6
x 6

44. 10
x 7

45. 7
x 3

46. 11
x 4

47. 4
x 4

48. 6
x 5

49. 8
x 4

50. 10
x 1

51. 7
x 5

52. 4
x 9

53. 11
x 8

54. 5
x 3

55. 7
x 12

56. 7
x 4

57. 6
x 3

58. 9
x 9

59. 1
x 10

60. 8
x 5

# Day 88
## Mixed Problems

Name: _____  Score: /60  Time: __:__

1.  12
    x 6

2.  5
    x 3

3.  7
    x 9

4.  2
    x 8

5.  4
    x 9

6.  6
    x 5

7.  10
    x 4

8.  5
    x 2

9.  7
    x 4

10. 9
    x 5

11. 6
    x 4

12. 7
    x 7

13. 3
    x 3

14. 11
    x 9

15. 5
    x 4

16. 4
    x 8

17. 8
    x 9

18. 6
    x 7

19. 1
    x 0

20. 3
    x 4

21. 8
    x 8

22. 5
    x 3

23. 8
    x 6

24. 3
    x 2

25. 12
    x 3

26. 1
    x 11

27. 9
    x 2

28. 6
    x 2

29. 2
    x 12

30. 10
    x 10

31. 7
    x 8

32. 3
    x 9

33. 6
    x 6

34. 1
    x 3

35. 12
    x 11

36. 5
    x 5

37. 9
    x 6

38. 6
    x 4

39. 10
    x 3

40. 2
    x 2

41. 5
    x 9

42. 6
    x 8

43. 10
    x 0

44. 7
    x 5

45. 7
    x 7

46. 6
    x 3

47. 12
    x 7

48. 2
    x 6

49. 11
    x 11

50. 8
    x 9

51. 8
    x 5

52. 7
    x 9

53. 10
    x 3

54. 5
    x 4

55. 8
    x 6

56. 0
    x 9

57. 5
    x 5

58. 6
    x 4

59. 7
    x 7

60. 12
    x 8

# Day 89
## Mixed Problems

Name: _____

Score: /60

Time: :

| 1. 5 x 5 | 2. 9 x 8 | 3. 10 x 2 | 4. 8 x 1 | 5. 3 x 7 | 6. 5 x 12 |
|---|---|---|---|---|---|
| 7. 3 x 6 | 8. 5 x 8 | 9. 6 x 2 | 10. 3 x 3 | 11. 2 x 4 | 12. 9 x 7 |
| 13. 5 x 4 | 14. 9 x 9 | 15. 5 x 1 | 16. 7 x 4 | 17. 8 x 2 | 18. 6 x 6 |
| 19. 9 x 3 | 20. 3 x 4 | 21. 7 x 3 | 22. 10 x 10 | 23. 4 x 9 | 24. 3 x 11 |
| 25. 0 x 6 | 26. 1 x 7 | 27. 8 x 8 | 28. 5 x 2 | 29. 4 x 2 | 30. 9 x 8 |
| 31. 3 x 3 | 32. 12 x 9 | 33. 4 x 5 | 34. 6 x 9 | 35. 8 x 7 | 36. 11 x 7 |
| 37. 11 x 10 | 38. 4 x 6 | 39. 0 x 8 | 40. 3 x 5 | 41. 6 x 6 | 42. 10 x 2 |
| 43. 3 x 7 | 44. 5 x 6 | 45. 8 x 6 | 46. 1 x 2 | 47. 4 x 9 | 48. 7 x 5 |
| 49. 2 x 6 | 50. 9 x 8 | 51. 7 x 7 | 52. 11 x 8 | 53. 12 x 0 | 54. 8 x 3 |
| 55. 12 x 4 | 56. 9 x 5 | 57. 2 x 9 | 58. 1 x 8 | 59. 11 x 8 | 60. 4 x 7 |

Name: _____

Score: /60

Time: :

1. 5
x 7

2. 4
x 2

3. 1
x 7

4. 4
x 9

5. 8
x 6

6. 12
x 10

7. 9
x 6

8. 5
x 2

9. 11
x 11

10. 8
x 3

11. 9
x 3

12. 4
x 7

13. 5
x 8

14. 9
x 9

15. 8
x 1

16. 4
x 0

17. 7
x 9

18. 6
x 3

19. 1
x 10

20. 3
x 4

21. 7
x 3

22. 8
x 4

23. 9
x 8

24. 3
x 12

25. 11
x 4

26. 8
x 8

27. 0
x 6

28. 5
x 2

29. 7
x 2

30. 5
x 4

31. 8
x 7

32. 12
x 9

33. 2
x 8

34. 7
x 6

35. 5
x 5

36. 4
x 3

37. 5
x 6

38. 7
x 7

39. 12
x 6

40. 1
x 1

41. 9
x 6

42. 11
x 8

43. 6
x 10

44. 3
x 5

45. 3
x 3

46. 1
x 2

47. 9
x 9

48. 6
x 8

49. 7
x 4

50. 3
x 9

51. 10
x 10

52. 4
x 4

53. 12
x 5

54. 6
x 6

55. 7
x 2

56. 6
x 4

57. 9
x 7

58. 8
x 4

59. 3
x 2

60. 7
x 1

Name: _____

Score: /60

Time: :

| | | | | | |
|---|---|---|---|---|---|
| 1. 6 ×6 | 2. 7 ×7 | 3. 7 ×1 | 4. 2 ×5 | 5. 3 ×4 | 6. 2 ×6 |
| 7. 9 ×3 | 8. 5 ×2 | 9. 1 ×9 | 10. 3 ×3 | 11. 8 ×4 | 12. 9 ×5 |
| 13. 7 ×4 | 14. 10 ×11 | 15. 5 ×8 | 16. 4 ×4 | 17. 7 ×2 | 18. 1 ×3 |
| 19. 8 ×7 | 20. 6 ×5 | 21. 3 ×8 | 22. 8 ×9 | 23. 5 ×5 | 24. 3 ×6 |
| 25. 2 ×2 | 26. 1 ×4 | 27. 8 ×8 | 28. 5 ×2 | 29. 0 ×0 | 30. 5 ×4 |
| 31. 6 ×10 | 32. 12 ×8 | 33. 9 ×1 | 34. 11 ×1 | 35. 8 ×4 | 36. 12 ×12 |
| 37. 9 ×3 | 38. 8 ×7 | 39. 10 ×10 | 40. 6 ×5 | 41. 5 ×5 | 42. 4 ×9 |
| 43. 3 ×3 | 44. 8 ×5 | 45. 12 ×4 | 46. 2 ×8 | 47. 6 ×8 | 48. 11 ×7 |
| 49. 4 ×3 | 50. 10 ×7 | 51. 3 ×5 | 52. 7 ×4 | 53. 3 ×7 | 54. 4 ×6 |
| 55. 1 ×5 | 56. 11 ×8 | 57. 12 ×2 | 58. 5 ×7 | 59. 8 ×9 | 60. 6 ×6 |

Name: _____

Score: /60

Time: :

1. 10
x 3

2. 7
x 5

3. 4
x 8

4. 9
x 2

5. 10
x 10

6. 8
x 7

7. 5
x 3

8. 7
x 9

9. 0
x 8

10. 7
x 1

11. 2
x 4

12. 9
x 8

13. 5
x 4

14. 8
x 2

15. 5
x 1

16. 3
x 4

17. 5
x 12

18. 11
x 3

19. 9
x 6

20. 4
x 4

21. 2
x 0

22. 5
x 10

23. 7
x 4

24. 5
x 8

25. 8
x 1

26. 1
x 4

27. 0
x 3

28. 5
x 2

29. 2
x 2

30. 5
x 4

31. 11
x 1

32. 12
x 4

33. 6
x 5

34. 6
x 9

35. 8
x 7

36. 9
x 8

37. 6
x 6

38. 10
x 8

39. 9
x 9

40. 5
x 3

41. 11
x 2

42. 3
x 8

43. 10
x 10

44. 9
x 5

45. 7
x 10

46. 12
x 12

47. 7
x 9

48. 5
x 5

49. 4
x 9

50. 8
x 3

51. 8
x 5

52. 5
x 4

53. 9
x 0

54. 12
x 3

55. 3
x 3

56. 7
x 7

57. 1
x 10

58. 7
x 4

59. 9
x 3

60. 8
x 7

# Day 93
## Mixed Problems

Name: _____

Score: /60

Time: :

| 1. 11<br>x 2 | 2. 9<br>x 8 | 3. 6<br>x 5 | 4. 6<br>x 9 | 5. 3<br>x 3 | 6. 5<br>x 4 |
|---|---|---|---|---|---|
| 7. 6<br>x 12 | 8. 4<br>x 8 | 9. 7<br>x 7 | 10. 9<br>x 3 | 11. 2<br>x 4 | 12. 8<br>x 3 |
| 13. 3<br>x 0 | 14. 7<br>x 8 | 15. 5<br>x 1 | 16. 4<br>x 4 | 17. 5<br>x 6 | 18. 11<br>x 11 |
| 19. 7<br>x 9 | 20. 3<br>x 4 | 21. 7<br>x 10 | 22. 6<br>x 8 | 23. 3<br>x 9 | 24. 3<br>x 2 |
| 25. 9<br>x 8 | 26. 12<br>x 8 | 27. 4<br>x 6 | 28. 7<br>x 2 | 29. 9<br>x 6 | 30. 8<br>x 4 |
| 31. 11<br>x 3 | 32. 0<br>x 8 | 33. 4<br>x 1 | 34. 11<br>x 12 | 35. 8<br>x 4 | 36. 4<br>x 9 |
| 37. 4<br>x 4 | 38. 8<br>x 7 | 39. 3<br>x 2 | 40. 6<br>x 7 | 41. 5<br>x 10 | 42. 5<br>x 9 |
| 43. 12<br>x 3 | 44. 8<br>x 2 | 45. 5<br>x 4 | 46. 11<br>x 8 | 47. 9<br>x 9 | 48. 2<br>x 5 |
| 49. 7<br>x 3 | 50. 12<br>x 9 | 51. 5<br>x 5 | 52. 3<br>x 4 | 53. 1<br>x 6 | 54. 8<br>x 4 |
| 55. 7<br>x 5 | 56. 3<br>x 8 | 57. 11<br>x 10 | 58. 2<br>x 2 | 59. 3<br>x 10 | 60. 2<br>x 1 |

Name: _____

Score: /60

Time: :

1. 6
x 6

2. 8
x 7

3. 4
x 5

4. 9
x 9

5. 12
x 7

6. 4
x 6

7. 7
x 3

8. 2
x 2

9. 9
x 3

10. 3
x 3

11. 8
x 3

12. 1
x 7

13. 9
x 4

14. 7
x 6

15. 5
x 1

16. 3
x 4

17. 5
x 5

18. 9
x 3

19. 8
x 12

20. 12
x 4

21. 2
x 6

22. 7
x 4

23. 8
x 8

24. 9
x 7

25. 10
x 10

26. 6
x 4

27. 3
x 6

28. 9
x 9

29. 7
x 2

30. 4
x 4

31. 3
x 2

32. 7
x 7

33. 12
x 5

34. 6
x 11

35. 10
x 7

36. 8
x 5

37. 10
x 9

38. 3
x 8

39. 4
x 7

40. 5
x 11

41. 6
x 6

42. 12
x 2

43. 7
x 5

44. 9
x 3

45. 4
x 6

46. 10
x 2

47. 7
x 9

48. 5
x 5

49. 12
x 8

50. 0
x 4

51. 4
x 5

52. 9
x 8

53. 3
x 3

54. 12
x 3

55. 7
x 6

56. 0
x 12

57. 11
x 10

58. 3
x 4

59. 9
x 6

60. 7
x 3

# Day 95

**Mixed Problems**

Name: _____  Score: /60  Time: :

| | | | | | |
|---|---|---|---|---|---|
| 1. 7 x 3 | 2. 8 x 1 | 3. 5 x 2 | 4. 6 x 2 | 5. 8 x 0 | 6. 8 x 9 |
| 7. 9 x 4 | 8. 8 x 2 | 9. 7 x 6 | 10. 3 x 3 | 11. 5 x 6 | 12. 1 x 2 |
| 13. 7 x 7 | 14. 9 x 6 | 15. 5 x 3 | 16. 1 x 8 | 17. 4 x 12 | 18. 5 x 7 |
| 19. 8 x 11 | 20. 10 x 4 | 21. 3 x 6 | 22. 5 x 4 | 23. 7 x 11 | 24. 9 x 12 |
| 25. 7 x 0 | 26. 1 x 9 | 27. 12 x 3 | 28. 2 x 8 | 29. 6 x 9 | 30. 7 x 8 |
| 31. 1 x 1 | 32. 8 x 3 | 33. 5 x 5 | 34. 8 x 9 | 35. 6 x 6 | 36. 0 x 9 |
| 37. 11 x 8 | 38. 7 x 6 | 39. 12 x 3 | 40. 1 x 5 | 41. 9 x 4 | 42. 4 x 2 |
| 43. 9 x 7 | 44. 5 x 8 | 45. 8 x 8 | 46. 3 x 2 | 47. 10 x 9 | 48. 3 x 5 |
| 49. 8 x 6 | 50. 9 x 2 | 51. 5 x 6 | 52. 1 x 8 | 53. 7 x 11 | 54. 12 x 4 |
| 55. 6 x 4 | 56. 10 x 10 | 57. 0 x 2 | 58. 4 x 8 | 59. 9 x 3 | 60. 7 x 8 |

Name: _____

Score: /60

Time: :

| | | | | | |
|---|---|---|---|---|---|
| 1. 12 × 5 | 2. 4 × 3 | 3. 6 × 8 | 4. 6 × 7 | 5. 9 × 3 | 6. 8 × 4 |
| 7. 3 × 5 | 8. 6 × 4 | 9. 7 × 6 | 10. 4 × 8 | 11. 2 × 12 | 12. 9 × 6 |
| 13. 9 × 2 | 14. 4 × 4 | 15. 5 × 1 | 16. 0 × 10 | 17. 5 × 10 | 18. 4 × 9 |
| 19. 8 × 7 | 20. 9 × 8 | 21. 10 × 10 | 22. 5 × 4 | 23. 12 × 8 | 24. 3 × 8 |
| 25. 6 × 2 | 26. 11 × 11 | 27. 5 × 5 | 28. 9 × 3 | 29. 2 × 2 | 30. 5 × 11 |
| 31. 9 × 9 | 32. 12 × 4 | 33. 10 × 2 | 34. 10 × 1 | 35. 4 × 7 | 36. 3 × 8 |
| 37. 7 × 9 | 38. 8 × 8 | 39. 12 × 7 | 40. 5 × 3 | 41. 7 × 7 | 42. 0 × 6 |
| 43. 6 × 5 | 44. 9 × 5 | 45. 8 × 2 | 46. 12 × 3 | 47. 8 × 9 | 48. 10 × 10 |
| 49. 6 × 2 | 50. 4 × 3 | 51. 8 × 5 | 52. 5 × 4 | 53. 9 × 6 | 54. 8 × 3 |
| 55. 11 × 7 | 56. 9 × 3 | 57. 7 × 2 | 58. 7 × 1 | 59. 5 × 5 | 60. 3 × 3 |

Name: _____

Score: /60

Time: :

| | | | | | |
|---|---|---|---|---|---|
| 1. 6 <br> x 4 | 2. 5 <br> x 8 | 3. 7 <br> x 6 | 4. 1 <br> x 5 | 5. 8 <br> x 3 | 6. 5 <br> x 6 |
| 7. 8 <br> x 8 | 8. 5 <br> x 2 | 9. 4 <br> x 9 | 10. 6 <br> x 8 | 11. 2 <br> x 4 | 12. 9 <br> x 7 |
| 13. 7 <br> x 4 | 14. 2 <br> x 8 | 15. 5 <br> x 1 | 16. 4 <br> x 11 | 17. 8 <br> x 4 | 18. 1 <br> x 12 |
| 19. 3 <br> x 6 | 20. 3 <br> x 4 | 21. 6 <br> x 12 | 22. 5 <br> x 9 | 23. 1 <br> x 7 | 24. 3 <br> x 12 |
| 25. 10 <br> x 0 | 26. 9 <br> x 9 | 27. 0 <br> x 0 | 28. 5 <br> x 2 | 29. 8 <br> x 7 | 30. 5 <br> x 6 |
| 31. 3 <br> x 8 | 32. 4 <br> x 9 | 33. 11 <br> x 6 | 34. 8 <br> x 2 | 35. 6 <br> x 9 | 36. 5 <br> x 8 |
| 37. 4 <br> x 2 | 38. 7 <br> x 7 | 39. 8 <br> x 12 | 40. 10 <br> x 10 | 41. 6 <br> x 10 | 42. 2 <br> x 2 |
| 43. 6 <br> x 6 | 44. 8 <br> x 9 | 45. 7 <br> x 3 | 46. 11 <br> x 9 | 47. 2 <br> x 7 | 48. 6 <br> x 5 |
| 49. 5 <br> x 12 | 50. 3 <br> x 3 | 51. 7 <br> x 5 | 52. 7 <br> x 9 | 53. 11 <br> x 10 | 54. 8 <br> x 3 |
| 55. 1 <br> x 2 | 56. 2 <br> x 4 | 57. 5 <br> x 9 | 58. 7 <br> x 4 | 59. 3 <br> x 6 | 60. 11 <br> x 5 |

Name: _____

Score: /60

Time: :

| | | | | | |
|---|---|---|---|---|---|
| 1. 8 x 7 | 2. 8 x 4 | 3. 7 x 2 | 4. 9 x 6 | 5. 3 x 7 | 6. 8 x 10 |
| 7. 12 x 7 | 8. 6 x 2 | 9. 9 x 7 | 10. 3 x 3 | 11. 6 x 6 | 12. 9 x 5 |
| 13. 5 x 4 | 14. 7 x 0 | 15. 5 x 6 | 16. 4 x 4 | 17. 1 x 0 | 18. 7 x 4 |
| 19. 10 x 11 | 20. 3 x 4 | 21. 2 x 9 | 22. 6 x 4 | 23. 5 x 5 | 24. 8 x 2 |
| 25. 8 x 3 | 26. 0 x 8 | 27. 9 x 3 | 28. 5 x 2 | 29. 2 x 12 | 30. 5 x 10 |
| 31. 7 x 6 | 32. 12 x 4 | 33. 10 x 3 | 34. 6 x 1 | 35. 4 x 7 | 36. 5 x 8 |
| 37. 12 x 9 | 38. 10 x 8 | 39. 11 x 7 | 40. 5 x 3 | 41. 7 x 5 | 42. 8 x 2 |
| 43. 3 x 3 | 44. 4 x 5 | 45. 8 x 4 | 46. 12 x 5 | 47. 9 x 9 | 48. 1 x 5 |
| 49. 7 x 8 | 50. 6 x 3 | 51. 8 x 5 | 52. 9 x 4 | 53. 6 x 10 | 54. 8 x 3 |
| 55. 2 x 5 | 56. 0 x 3 | 57. 7 x 10 | 58. 12 x 8 | 59. 9 x 3 | 60. 6 x 7 |

Name: _____

Score: /60

Time: :

| | | | | | |
|---|---|---|---|---|---|
| 1. 9 x 9 | 2. 8 x 6 | 3. 2 x 7 | 4. 8 x 5 | 5. 3 x 6 | 6. 10 x 12 |
| 7. 3 x 3 | 8. 5 x 2 | 9. 6 x 1 | 10. 7 x 3 | 11. 2 x 4 | 12. 9 x 8 |
| 13. 5 x 1 | 14. 11 x 11 | 15. 5 x 4 | 16. 6 x 4 | 17. 8 x 3 | 18. 1 x 3 |
| 19. 6 x 6 | 20. 3 x 4 | 21. 2 x 9 | 22. 5 x 4 | 23. 8 x 7 | 24. 3 x 2 |
| 25. 9 x 7 | 26. 7 x 4 | 27. 6 x 5 | 28. 5 x 2 | 29. 10 x 2 | 30. 8 x 4 |
| 31. 11 x 8 | 32. 0 x 10 | 33. 12 x 6 | 34. 8 x 1 | 35. 3 x 9 | 36. 2 x 8 |
| 37. 12 x 5 | 38. 7 x 1 | 39. 8 x 5 | 40. 4 x 2 | 41. 9 x 9 | 42. 4 x 2 |
| 43. 9 x 6 | 44. 11 x 9 | 45. 7 x 3 | 46. 11 x 4 | 47. 7 x 7 | 48. 6 x 5 |
| 49. 7 x 9 | 50. 10 x 1 | 51. 7 x 5 | 52. 12 x 9 | 53. 6 x 8 | 54. 9 x 2 |
| 55. 4 x 3 | 56. 7 x 4 | 57. 8 x 9 | 58. 5 x 4 | 59. 11 x 10 | 60. 8 x 3 |

Name: _____

Score: /60

Time: :

| | | | | | |
|---|---|---|---|---|---|
| 1.   **1** <br> x 3 | 2.   **2** <br> x 2 | 3.   **11** <br> x 2 | 4.   **1** <br> x 8 | 5.   **9** <br> x 5 | 6.   **7** <br> x 10 |
| 7.   **9** <br> x 3 | 8.   **6** <br> x 6 | 9.   **9** <br> x 6 | 10.   **3** <br> x 3 | 11.   **8** <br> x 4 | 12.   **3** <br> x 7 |
| 13.   **8** <br> x 12 | 14.   **8** <br> x 8 | 15.   **5** <br> x 1 | 16.   **8** <br> x 2 | 17.   **9** <br> x 3 | 18.   **1** <br> x 3 |
| 19.   **7** <br> x 4 | 20.   **3** <br> x 4 | 21.   **2** <br> x 0 | 22.   **5** <br> x 4 | 23.   **8** <br> x 7 | 24.   **3** <br> x 2 |
| 25.   **9** <br> x 2 | 26.   **1** <br> x 4 | 27.   **9** <br> x 7 | 28.   **5** <br> x 2 | 29.   **12** <br> x 4 | 30.   **5** <br> x 4 |
| 31.   **7** <br> x 8 | 32.   **4** <br> x 4 | 33.   **11** <br> x 5 | 34.   **6** <br> x 1 | 35.   **12** <br> x 7 | 36.   **9** <br> x 8 |
| 37.   **5** <br> x 3 | 38.   **10** <br> x 8 | 39.   **12** <br> x 12 | 40.   **4** <br> x 9 | 41.   **11** <br> x 5 | 42.   **6** <br> x 2 |
| 43.   **5** <br> x 5 | 44.   **9** <br> x 5 | 45.   **0** <br> x 6 | 46.   **5** <br> x 2 | 47.   **12** <br> x 9 | 48.   **7** <br> x 5 |
| 49.   **9** <br> x 8 | 50.   **12** <br> x 3 | 51.   **8** <br> x 5 | 52.   **5** <br> x 4 | 53.   **9** <br> x 2 | 54.   **8** <br> x 3 |
| 55.   **6** <br> x 3 | 56.   **7** <br> x 7 | 57.   **8** <br> x 5 | 58.   **7** <br> x 4 | 59.   **9** <br> x 3 | 60.   **6** <br> x 9 |

# Answer Key

## Day 1:
1) 4  2) 0  3) 2  4) 1  5) 0  6) 0
7) 7  8) 5  9) 0  10) 9  11) 0  12) 0
13) 7  14) 4  15) 9  16) 0  17) 0  18) 7
19) 9  20) 0  21) 0  22) 8  23) 0  24) 0
25) 5  26) 4  27) 0  28) 0  29) 6  30) 0
31) 1  32) 0  33) 5  34) 0  35) 9  36) 0
37) 0  38) 3  39) 7  40) 0  41) 4  42) 0
43) 5  44) 0  45) 0  46) 6  47) 8  48) 2
49) 0  50) 1  51) 5  52) 0  53) 0  54) 0
55) 0  56) 0  57) 0  58) 4  59) 3  60) 2

## Day 2:
1) 0  2) 3  3) 7  4) 6  5) 0  6) 0
7) 5  8) 5  9) 0  10) 9  11) 0  12) 0
13) 7  14) 4  15) 9  16) 0  17) 0  18) 7
19) 8  20) 0  21) 0  22) 9  23) 0  24) 0
25) 0  26) 4  27) 0  28) 5  29) 6  30) 0
31) 1  32) 0  33) 5  34) 0  35) 9  36) 0
37) 0  38) 3  39) 7  40) 0  41) 4  42) 0
43) 5  44) 0  45) 0  46) 6  47) 8  48) 2
49) 1  50) 0  51) 5  52) 0  53) 0  54) 0
55) 0  56) 0  57) 0  58) 4  59) 3  60) 2

## Day 3:
1) 0  2) 9  3) 4  4) 7  5) 0  6) 0
7) 7  8) 5  9) 0  10) 9  11) 0  12) 0
13) 6  14) 4  15) 3  16) 0  17) 0  18) 7
19) 5  20) 0  21) 0  22) 9  23) 0  24) 0
25) 0  26) 4  27) 0  28) 8  29) 0  30) 0
31) 1  32) 0  33) 5  34) 0  35) 9  36) 0
37) 0  38) 3  39) 9  40) 0  41) 1  42) 0
43) 5  44) 0  45) 0  46) 6  47) 8  48) 2
49) 0  50) 0  51) 5  52) 0  53) 4  54) 0
55) 0  56) 0  57) 0  58) 2  59) 7  60) 4

## Day 4:
1) 0  2) 5  3) 2  4) 5  5) 0  6) 6
7) 7  8) 5  9) 0  10) 9  11) 0  12) 0
13) 0  14) 9  15) 3  16) 0  17) 0  18) 1
19) 5  20) 0  21) 0  22) 4  23) 0  24) 0
25) 0  26) 4  27) 0  28) 8  29) 5  30) 0
31) 4  32) 0  33) 5  34) 0  35) 9  36) 0
37) 0  38) 3  39) 9  40) 0  41) 1  42) 0
43) 6  44) 0  45) 0  46) 4  47) 8  48) 2
49) 0  50) 0  51) 5  52) 0  53) 7  54) 0
55) 0  56) 0  57) 0  58) 2  59) 7  60) 4

## Day 5:
1) 6  2) 10  3) 2  4) 10  5) 6  6) 12
7) 14  8) 10  9) 16  10) 18  11) 8  12) 0
13) 2  14) 14  15) 6  16) 18  17) 12  18) 18
19) 10  20) 6  21) 4  22) 12  23) 16  24) 6
25) 10  26) 8  27) 18  28) 16  29) 10  30) 6
31) 18  32) 0  33) 10  34) 2  35) 8  36) 10
37) 12  38) 6  39) 14  40) 8  41) 2  42) 16
43) 10  44) 12  45) 18  46) 4  47) 16  48) 12
49) 8  50) 14  51) 10  52) 4  53) 18  54) 16
55) 2  56) 8  57) 18  58) 4  59) 10  60) 14

## Day 6:
1) 4  2) 16  3) 12  4) 10  5) 6  6) 10
7) 14  8) 10  9) 12  10) 18  11) 8  12) 0
13) 14  14) 8  15) 18  16) 16  17) 12  18) 14
19) 16  20) 6  21) 10  22) 16  23) 0  24) 18
25) 10  26) 8  27) 6  28) 2  29) 10  30) 16
31) 4  32) 14  33) 10  34) 8  35) 18  36) 12
37) 2  38) 6  39) 14  40) 10  41) 8  42) 18
43) 12  44) 10  45) 18  46) 4  47) 16  48) 2
49) 8  50) 2  51) 10  52) 12  53) 0  54) 6
55) 18  56) 16  57) 4  58) 8  59) 6  60) 12

## Day 7:
1) 14  2) 8  3) 0  4) 18  5) 12  6) 2
7) 18  8) 10  9) 12  10) 18  11) 10  12) 0
13) 14  14) 2  15) 10  16) 16  17) 12  18) 14
19) 18  20) 6  21) 4  22) 8  23) 0  24) 14
25) 10  26) 8  27) 6  28) 0  29) 12  30) 16
31) 16  32) 14  33) 10  34) 2  35) 18  36) 10
37) 18  38) 6  39) 14  40) 8  41) 8  42) 16
43) 10  44) 12  45) 18  46) 6  47) 12  48) 4
49) 8  50) 2  51) 4  52) 16  53) 2  54) 6
55) 8  56) 8  57) 10  58) 10  59) 16  60) 12

## Day 8:
1) 0  2) 8  3) 6  4) 10  5) 6  6) 4
7) 10  8) 10  9) 16  10) 18  11) 8  12) 2
13) 14  14) 8  15) 18  16) 14  17) 12  18) 14
19) 16  20) 6  21) 4  22) 18  23) 0  24) 18
25) 4  26) 8  27) 6  28) 10  29) 12  30) 16
31) 2  32) 14  33) 10  34) 0  35) 18  36) 12
37) 8  38) 6  39) 14  40) 4  41) 8  42) 16
43) 10  44) 4  45) 18  46) 12  47) 10  48) 16
49) 2  50) 12  51) 10  52) 16  53) 0  54) 6
55) 10  56) 8  57) 18  58) 8  59) 6  60) 10

## Day 9:
1) 12  2) 6  3) 14  4) 10  5) 6  6) 12
7) 14  8) 10  9) 16  10) 18  11) 8  12) 0
13) 12  14) 8  15) 6  16) 14  17) 12  18) 14
19) 10  20) 6  21) 4  22) 18  23) 12  24) 6
25) 18  26) 8  27) 10  28) 16  29) 12  30) 4
31) 2  32) 14  33) 10  34) 0  35) 18  36) 10
37) 8  38) 6  39) 18  40) 6  41) 2  42) 16
43) 10  44) 12  45) 18  46) 12  47) 16  48) 4
49) 2  50) 0  51) 10  52) 16  53) 8  54) 16
55) 18  56) 8  57) 10  58) 4  59) 14  60) 8

## Day 10:
1) 14  2) 4  3) 8  4) 10  5) 6  6) 2
7) 16  8) 10  9) 14  10) 18  11) 8  12) 0
13) 14  14) 18  15) 6  16) 18  17) 12  18) 2
19) 12  20) 6  21) 4  22) 8  23) 10  24) 6
25) 18  26) 8  27) 10  28) 16  29) 10  30) 4
31) 8  32) 2  33) 10  34) 0  35) 18  36) 16
37) 8  38) 6  39) 18  40) 16  41) 2  42) 8
43) 0  44) 6  45) 18  46) 4  47) 16  48) 12
49) 14  50) 8  51) 10  52) 6  53) 14  54) 2
55) 10  56) 12  57) 18  58) 16  59) 14  60) 10

## Day 11:
1) 14  2) 12  3) 4  4) 10  5) 0  6) 12
7) 6  8) 10  9) 16  10) 18  11) 8  12) 0
13) 2  14) 14  15) 6  16) 18  17) 10  18) 18
19) 12  20) 6  21) 4  22) 12  23) 16  24) 6
25) 10  26) 8  27) 18  28) 16  29) 10  30) 6
31) 8  32) 0  33) 10  34) 2  35) 18  36) 10
37) 12  38) 4  39) 14  40) 8  41) 2  42) 16
43) 10  44) 12  45) 18  46) 4  47) 16  48) 12
49) 8  50) 14  51) 10  52) 4  53) 18  54) 2
55) 16  56) 8  57) 18  58) 6  59) 10  60) 14

## Day 12:
1) 21  2) 9  3) 12  4) 15  5) 18  6) 3
7) 27  8) 15  9) 18  10) 21  11) 12  12) 24
13) 21  14) 12  15) 27  16) 0  17) 18  18) 21
19) 24  20) 9  21) 15  22) 24  23) 0  24) 27
25) 15  26) 12  27) 9  28) 3  29) 15  30) 24
31) 6  32) 21  33) 15  34) 12  35) 27  36) 18
37) 3  38) 9  39) 21  40) 15  41) 12  42) 27
43) 18  44) 15  45) 27  46) 6  47) 24  48) 3
49) 12  50) 3  51) 15  52) 18  53) 0  54) 9
55) 27  56) 24  57) 6  58) 12  59) 9  60) 18

## Day 13:
1) 15  2) 21  3) 6  4) 9  5) 18  6) 15
7) 21  8) 15  9) 18  10) 27  11) 12  12) 24
13) 21  14) 12  15) 27  16) 9  17) 18  18) 21
19) 24  20) 0  21) 15  22) 24  23) 0  24) 27
25) 9  26) 12  27) 15  28) 3  29) 18  30) 24
31) 6  32) 21  33) 15  34) 12  35) 27  36) 15
37) 3  38) 9  39) 21  40) 15  41) 12  42) 27
43) 18  44) 15  45) 27  46) 6  47) 24  48) 3
49) 12  50) 3  51) 15  52) 18  53) 0  54) 9
55) 27  56) 24  57) 6  58) 12  59) 9  60) 18

## Day 14:
1) 9  2) 6  3) 15  4) 0  5) 12  6) 18
7) 27  8) 15  9) 18  10) 27  11) 15  12) 3
13) 21  14) 0  15) 15  16) 24  17) 18  18) 21
19) 9  20) 12  21) 6  22) 27  23) 0  24) 21
25) 15  26) 12  27) 9  28) 0  29) 18  30) 24
31) 24  32) 21  33) 12  34) 3  35) 27  36) 15
37) 12  38) 9  39) 21  40) 15  41) 12  42) 24
43) 15  44) 18  45) 27  46) 9  47) 18  48) 6
49) 27  50) 3  51) 6  52) 24  53) 3  54) 9
55) 21  56) 12  57) 15  58) 15  59) 24  60) 18

## Day 15:
1) 15  2) 21  3) 27  4) 9  5) 12  6) 15
7) 27  8) 15  9) 24  10) 0  11) 18  12) 3
13) 21  14) 12  15) 27  16) 21  17) 18  18) 21
19) 24  20) 9  21) 6  22) 27  23) 0  24) 27
25) 6  26) 12  27) 6  28) 15  29) 18  30) 24
31) 3  32) 21  33) 15  34) 0  35) 27  36) 18
37) 12  38) 9  39) 21  40) 6  41) 12  42) 24
43) 15  44) 9  45) 27  46) 18  47) 15  48) 24
49) 3  50) 18  51) 15  52) 24  53) 0  54) 9
55) 15  56) 12  57) 27  58) 12  59) 9  60) 15

## Day 16:
1) 21  2) 6  3) 9  4) 18  5) 21  6) 15
7) 0  8) 15  9) 24  10) 27  11) 12  12) 21
13) 18  14) 12  15) 9  16) 21  17) 18  18) 3
19) 15  20) 18  21) 6  22) 27  23) 9  24) 6
25) 27  26) 12  27) 15  28) 24  29) 18  30) 6
31) 3  32) 21  33) 15  34) 0  35) 27  36) 15
37) 12  38) 6  39) 27  40) 9  41) 3  42) 24
43) 15  44) 18  45) 27  46) 18  47) 24  48) 6
49) 3  50) 0  51) 15  52) 24  53) 12  54) 24
55) 27  56) 12  57) 15  58) 6  59) 21  60) 12

## Day 17:
1) 18  2) 24  3) 15  4) 3  5) 12  6) 24
7) 21  8) 15  9) 24  10) 27  11) 12  12) 6
13) 18  14) 12  15) 9  16) 21  17) 18  18) 21
19) 15  20) 27  21) 6  22) 21  23) 18  24) 6
25) 9  26) 12  27) 15  28) 24  29) 18  30) 0
31) 3  32) 21  33) 15  34) 0  35) 27  36) 15
37) 12  38) 9  39) 27  40) 6  41) 3  42) 24
43) 15  44) 18  45) 27  46) 0  47) 24  48) 6
49) 3  50) 18  51) 15  52) 24  53) 12  54) 15
55) 27  56) 12  57) 15  58) 6  59) 21  60) 24

## Day 18:
1) 24  2) 3  3) 27  4) 18  5) 21  6) 24
7) 6  8) 15  9) 0  10) 27  11) 12  12) 3
13) 21  14) 9  15) 27  16) 12  17) 18  18) 6
19) 18  20) 9  21) 6  22) 12  23) 15  24) 9
25) 27  26) 12  27) 15  28) 24  29) 15  30) 6
31) 12  32) 3  33) 15  34) 0  35) 27  36) 24
37) 12  38) 3  39) 15  40) 24  41) 3  42) 12
43) 0  44) 9  45) 27  46) 6  47) 24  48) 18
49) 21  50) 12  51) 15  52) 9  53) 21  54) 3
55) 15  56) 18  57) 27  58) 24  59) 21  60) 15

## Answer Key

### Day 19:
1) 0  2) 24  3) 8  4) 36  5) 16  6) 20
7) 8  8) 20  9) 32  10) 36  11) 16  12) 0
13) 4  14) 28  15) 12  16) 36  17) 20  18) 8
19) 24  20) 12  21) 8  22) 24  23) 32  24) 12
25) 20  26) 16  27) 36  28) 32  29) 20  30) 12
31) 16  32) 0  33) 20  34) 4  35) 36  36) 20
37) 24  38) 8  39) 28  40) 16  41) 4  42) 32
43) 20  44) 24  45) 36  46) 8  47) 32  48) 24
49) 16  50) 28  51) 20  52) 8  53) 36  54) 4
55) 32  56) 8  57) 36  58) 12  59) 20  60) 28

### Day 22:
1) 4  2) 28  3) 8  4) 32  5) 36  6) 12
7) 36  8) 20  9) 24  10) 36  11) 20  12) 4
13) 28  14) 0  15) 20  16) 32  17) 24  18) 28
19) 12  20) 0  21) 8  22) 28  23) 16  24) 36
25) 20  26) 12  27) 8  28) 28  29) 24  30) 4
31) 32  32) 28  33) 16  34) 4  35) 36  36) 20
37) 28  38) 12  39) 28  40) 20  41) 32  42) 16
43) 20  44) 24  45) 36  46) 12  47) 24  48) 8
49) 36  50) 4  51) 8  52) 32  53) 4  54) 12
55) 12  56) 32  57) 20  58) 24  59) 12  60) 32

### Day 25:
1) 28  2) 4  3) 20  4) 8  5) 0  6) 20
7) 8  8) 20  9) 0  10) 36  11) 16  12) 4
13) 28  14) 12  15) 36  16) 16  17) 24  18) 8
19) 24  20) 16  21) 8  22) 12  23) 20  24) 12
25) 36  26) 12  27) 20  28) 32  29) 20  30) 8
31) 16  32) 0  33) 20  34) 36  35) 0  36) 32
37) 28  38) 24  39) 36  40) 32  41) 4  42) 16
43) 12  44) 20  45) 36  46) 8  47) 32  48) 24
49) 28  50) 12  51) 20  52) 16  53) 28  54) 4
55) 20  56) 24  57) 36  58) 32  59) 28  60) 20

### Day 28:
1) 15  2) 40  3) 35  4) 25  5) 10  6) 20
7) 40  8) 30  9) 35  10) 45  11) 15  12) 10
13) 45  14) 15  15) 35  16) 25  17) 30  18) 20
19) 15  20) 20  21) 35  22) 40  23) 10  24) 45
25) 10  26) 15  27) 25  28) 5  29) 30  30) 40
31) 20  32) 35  33) 5  34) 20  35) 45  36) 0
37) 5  38) 25  39) 35  40) 20  41) 40  42) 45
43) 30  44) 45  45) 25  46) 10  47) 20  48) 45
49) 15  50) 5  51) 20  52) 30  53) 45  54) 15
55) 30  56) 40  57) 10  58) 35  59) 15  60) 0

### Day 31:
1) 0  2) 40  3) 10  4) 5  5) 10  6) 35
7) 15  8) 10  9) 40  10) 20  11) 45  12) 25
13) 35  14) 20  15) 15  16) 45  17) 30  18) 35
19) 10  20) 45  21) 20  22) 35  23) 30  24) 10
25) 20  26) 15  27) 5  28) 40  29) 30  30) 25
31) 15  32) 35  33) 30  34) 10  35) 45  36) 5
37) 25  38) 15  39) 45  40) 20  41) 0  42) 40
43) 20  44) 30  45) 45  46) 0  47) 40  48) 10
49) 5  50) 25  51) 30  52) 40  53) 20  54) 20
55) 45  56) 40  57) 20  58) 10  59) 35  60) 25

### Day 34:
1) 36  2) 18  3) 42  4) 48  5) 18  6) 30
7) 54  8) 24  9) 48  10) 42  11) 36  12) 24
13) 42  14) 24  15) 54  16) 0  17) 30  18) 42
19) 36  20) 18  21) 48  22) 30  23) 6  24) 0
25) 30  26) 6  27) 18  28) 24  29) 48  30) 36
31) 12  32) 42  33) 18  34) 54  35) 24  36) 6
37) 36  38) 30  39) 42  40) 12  41) 24  42) 54
43) 48  44) 42  45) 54  46) 12  47) 36  48) 6
49) 24  50) 36  51) 30  52) 6  53) 54  54) 18
55) 36  56) 30  57) 12  58) 24  59) 18  60) 54

### Day 20:
1) 24  2) 4  3) 8  4) 36  5) 8  6) 28
7) 36  8) 20  9) 24  10) 28  11) 32  12) 16
13) 28  14) 16  15) 36  16) 0  17) 24  18) 28
19) 32  20) 12  21) 20  22) 32  23) 0  24) 36
25) 20  26) 4  27) 12  28) 16  29) 20  30) 32
31) 8  32) 28  33) 20  34) 36  35) 16  36) 24
37) 4  38) 12  39) 28  40) 20  41) 16  42) 36
43) 24  44) 0  45) 36  46) 8  47) 32  48) 4
49) 20  50) 4  51) 16  52) 24  53) 36  54) 12
55) 36  56) 32  57) 8  58) 16  59) 12  60) 24

### Day 23:
1) 24  2) 32  3) 24  4) 4  5) 12  6) 16
7) 0  8) 20  9) 32  10) 36  11) 24  12) 4
13) 16  14) 28  15) 36  16) 28  17) 24  18) 8
19) 32  20) 12  21) 8  22) 36  23) 12  24) 0
25) 8  26) 12  27) 8  28) 20  29) 24  30) 32
31) 4  32) 28  33) 20  34) 12  35) 16  36) 24
37) 12  38) 0  39) 28  40) 8  41) 36  42) 32
43) 20  44) 12  45) 36  46) 24  47) 20  48) 32
49) 4  50) 0  51) 20  52) 32  53) 24  54) 12
55) 20  56) 28  57) 36  58) 12  59) 16  60) 20

### Day 26:
1) 0  2) 25  3) 40  4) 10  5) 45  6) 40
7) 10  8) 35  9) 25  10) 45  11) 20  12) 30
13) 5  14) 35  15) 0  16) 45  17) 25  18) 10
19) 30  20) 15  21) 10  22) 30  23) 40  24) 15
25) 25  26) 20  27) 45  28) 40  29) 25  30) 15
31) 20  32) 0  33) 25  34) 5  35) 45  36) 25
37) 30  38) 10  39) 35  40) 20  41) 5  42) 40
43) 25  44) 30  45) 45  46) 10  47) 40  48) 30
49) 20  50) 35  51) 15  52) 10  53) 45  54) 5
55) 40  56) 10  57) 45  58) 15  59) 25  60) 35

### Day 29:
1) 25  2) 35  3) 5  4) 10  5) 15  6) 30
7) 20  8) 5  9) 30  10) 45  11) 20  12) 15
13) 35  14) 10  15) 20  16) 40  17) 0  18) 35
19) 30  20) 20  21) 10  22) 35  23) 45  24) 25
25) 20  26) 15  27) 10  28) 35  29) 30  30) 5
31) 20  32) 35  33) 20  34) 5  35) 45  36) 35
37) 25  38) 15  39) 35  40) 30  41) 40  42) 20
43) 5  44) 30  45) 45  46) 15  47) 30  48) 10
49) 45  50) 5  51) 10  52) 40  53) 25  54) 15
55) 5  56) 40  57) 20  58) 30  59) 15  60) 40

### Day 32:
1) 35  2) 10  3) 5  4) 20  5) 30  6) 40
7) 5  8) 35  9) 25  10) 45  11) 20  12) 30
13) 10  14) 35  15) 0  16) 45  17) 25  18) 10
19) 20  20) 15  21) 10  22) 30  23) 40  24) 15
25) 25  26) 20  27) 45  28) 40  29) 25  30) 20
31) 30  32) 0  33) 25  34) 5  35) 45  36) 15
37) 30  38) 10  39) 35  40) 20  41) 5  42) 25
43) 20  44) 30  45) 45  46) 10  47) 40  48) 30
49) 40  50) 35  51) 15  52) 10  53) 45  54) 5
55) 25  56) 10  57) 45  58) 15  59) 40  60) 35

### Day 35:
1) 0  2) 24  3) 12  4) 54  5) 48  6) 24
7) 48  8) 36  9) 42  10) 54  11) 18  12) 12
13) 54  14) 18  15) 42  16) 30  17) 24  18) 30
19) 18  20) 36  21) 42  22) 48  23) 12  24) 54
25) 12  26) 18  27) 30  28) 6  29) 24  30) 48
31) 24  32) 42  33) 6  34) 36  35) 54  36) 18
37) 30  38) 48  39) 42  40) 24  41) 0  42) 54
43) 6  44) 54  45) 30  46) 12  47) 24  48) 30
49) 18  50) 36  51) 24  52) 12  53) 54  54) 18
55) 6  56) 48  57) 12  58) 42  59) 18  60) 6

### Day 21:
1) 36  2) 24  3) 28  4) 20  5) 12  6) 24
7) 28  8) 20  9) 24  10) 36  11) 12  12) 32
13) 20  14) 12  15) 36  16) 16  17) 24  18) 28
19) 32  20) 12  21) 28  22) 32  23) 8  24) 36
25) 0  26) 12  27) 20  28) 4  29) 24  30) 32
31) 8  32) 28  33) 20  34) 16  35) 36  36) 20
37) 4  38) 0  39) 28  40) 20  41) 32  42) 36
43) 24  44) 20  45) 36  46) 8  47) 16  48) 4
49) 12  50) 4  51) 20  52) 24  53) 0  54) 12
55) 36  56) 32  57) 8  58) 20  59) 12  60) 24

### Day 24:
1) 28  2) 32  3) 8  4) 36  5) 12  6) 24
7) 12  8) 20  9) 32  10) 36  11) 16  12) 8
13) 24  14) 16  15) 12  16) 28  17) 24  18) 28
19) 20  20) 36  21) 8  22) 28  23) 24  24) 8
25) 16  26) 12  27) 20  28) 32  29) 24  30) 4
31) 12  32) 28  33) 20  34) 8  35) 36  36) 0
37) 24  38) 12  39) 36  40) 8  41) 4  42) 32
43) 20  44) 24  45) 36  46) 0  47) 32  48) 8
49) 4  50) 24  51) 20  52) 32  53) 16  54) 20
55) 36  56) 16  57) 20  58) 8  59) 28  60) 32

### Day 27:
1) 10  2) 40  3) 30  4) 45  5) 15  6) 20
7) 45  8) 20  9) 40  10) 35  11) 30  12) 20
13) 35  14) 20  15) 45  16) 0  17) 30  18) 35
19) 40  20) 15  21) 40  22) 20  23) 5  24) 25
25) 0  26) 5  27) 15  28) 20  29) 30  30) 40
31) 10  32) 35  33) 15  34) 45  35) 20  36) 30
37) 5  38) 25  39) 35  40) 10  41) 20  42) 45
43) 30  44) 35  45) 45  46) 10  47) 40  48) 5
49) 20  50) 5  51) 25  52) 30  53) 45  54) 15
55) 45  56) 0  57) 10  58) 20  59) 15  60) 30

### Day 30:
1) 15  2) 35  3) 40  4) 45  5) 0  6) 35
7) 0  8) 40  9) 25  10) 45  11) 30  12) 5
13) 20  14) 35  15) 45  16) 35  17) 30  18) 10
19) 40  20) 15  21) 10  22) 45  23) 15  24) 0
25) 10  26) 15  27) 10  28) 25  29) 30  30) 40
31) 5  32) 35  33) 25  34) 15  35) 20  36) 30
37) 15  38) 0  39) 35  40) 10  41) 45  42) 40
43) 15  44) 25  45) 45  46) 30  47) 25  48) 40
49) 5  50) 0  51) 25  52) 40  53) 30  54) 15
55) 25  56) 15  57) 45  58) 35  59) 20  60) 25

### Day 33:
1) 24  2) 54  3) 48  4) 30  5) 36  6) 42
7) 12  8) 30  9) 0  10) 54  11) 24  12) 6
13) 42  14) 18  15) 54  16) 24  17) 36  18) 12
19) 36  20) 24  21) 12  22) 18  23) 30  24) 18
25) 54  26) 18  27) 30  28) 48  29) 30  30) 12
31) 24  32) 0  33) 30  34) 6  35) 54  36) 48
37) 42  38) 0  39) 54  40) 48  41) 6  42) 36
43) 18  44) 30  45) 54  46) 12  47) 48  48) 36
49) 42  50) 18  51) 30  52) 24  53) 42  54) 6
55) 30  56) 36  57) 54  58) 48  59) 42  60) 30

### Day 36:
1) 42  2) 18  3) 12  4) 6  5) 18  6) 48
7) 24  8) 6  9) 12  10) 54  11) 24  12) 18
13) 42  14) 12  15) 24  16) 48  17) 0  18) 42
19) 18  20) 24  21) 6  22) 42  23) 54  24) 30
25) 24  26) 36  27) 12  28) 42  29) 36  30) 6
31) 24  32) 42  33) 24  34) 6  35) 54  36) 42
37) 36  38) 18  39) 42  40) 30  41) 48  42) 24
43) 6  44) 30  45) 54  46) 18  47) 12  48) 36
49) 54  50) 6  51) 12  52) 48  53) 30  54) 18
55) 6  56) 30  57) 24  58) 48  59) 18  60) 48

# Answer Key

## Day 37:
1) 12 2) 12 3) 48 4) 54 5) 24 6) 18
7) 0 8) 48 9) 30 10) 54 11) 36 12) 6
13) 48 14) 42 15) 54 16) 42 17) 12 18) 0
19) 48 20) 18 21) 12 22) 54 23) 18 24)12
25) 30 26) 0 27) 12 28) 18 29) 30 30) 48
31) 6 32) 42 33) 30 34) 18 35) 24 36) 36
37) 18 38) 6 39) 42 40) 12 41) 54 42) 48
43) 18 44) 30 45) 54 46) 18 47) 30 48) 48
49) 6 50) 24 51) 30 52) 48 53) 30 54) 18
55) 12 56) 0 57) 54 58) 42 59) 24 60) 30

## Day 38:
1) 24 2) 6 3) 12 4) 48 5) 42 6) 18
7) 30 8) 12 9) 48 10) 24 11) 54 12) 30
13) 42 14) 24 15) 18 16) 30 17) 36 18) 42
19) 12 20) 54 21) 36 22) 42 23) 24 24)12
25) 0 26) 18 27) 6 28) 48 29) 12 30) 30
31) 36 32) 6 33) 30 34) 12 35) 54 36) 6
37) 42 38) 18 39) 54 40) 12 41) 24 42)48
43) 30 44) 18 45) 54 46) 30 47) 48 48)12
49) 54 50) 30 51) 36 52) 48 53) 24 54) 6
55) 12 56) 48 57) 24 58) 36 59) 42 60) 6

## Day 39:
1) 54 2) 36 3) 48 4) 6 5) 42 6) 30
7) 30 8) 42 9) 6 10) 54 11) 24 12) 18
13) 12 14) 42 15) 30 16) 54 17) 0 18) 12
19) 24 20) 36 21) 12 22) 6 23) 48 24) 18
25) 0 26) 24 27) 54 28) 48 29) 30 30) 24
31) 12 32) 42 33) 30 34) 6 35) 54 36) 36
37) 30 38) 12 39) 42 40) 24 41) 6 42) 18
43) 24 44) 48 45) 54 46) 12 47) 0 48) 6
49) 48 50) 42 51) 18 52) 12 53) 54 54)42
55) 30 56) 12 57) 54 58) 18 59) 48 60) 6

## Day 40:
1) 21 2) 42 3) 14 4) 7 5) 49 6) 56
7) 14 8) 35 9) 0 10) 63 11) 28 12) 7
13) 49 14) 21 15) 63 16) 28 17) 42 18)14
19) 42 20) 28 21) 14 22) 21 23) 35 24)21
25) 63 26) 7 27) 35 28) 56 29) 35 30) 14
31) 28 32) 0 33) 35 34) 7 35) 63 36) 56
37) 49 38) 35 39) 63 40) 56 41) 7 42) 42
43) 21 44) 63 45) 42 46) 14 47) 56 48)42
49) 0 50) 21 51) 35 52) 28 53) 42 54) 7
55) 35 56) 49 57) 63 58) 56 59) 14 60)21

## Day 41:
1) 28 2) 21 3) 14 4) 35 5) 0 6) 63
7) 63 8) 28 9) 56 10) 28 11) 42 12) 49
13) 0 14) 28 15) 63 16) 42 17) 35 18) 14
19) 42 20) 21 21) 56 22) 35 23) 7 24) 0
25) 35 26) 7 27) 21 28) 28 29) 56 30) 42
31) 49 32) 14 33) 21 34) 63 35) 28 36) 7
37) 42 38) 35 39) 63 40) 14 41) 28 42)49
43) 56 44) 42 45) 63 46) 14 47) 42 48)28
49) 7 50) 42 51) 35 52) 28 53) 63 54) 21
55) 42 56) 35 57) 14 58) 7 59) 21 60) 63

## Day 42:
1) 63 2) 21 3) 42 4) 14 5) 56 6) 35
7) 7 8) 28 9) 42 10) 63 11) 21 12) 35
13) 42 14) 21 15) 56 16) 35 17) 7 18) 14
19) 49 20) 42 21) 63 22) 56 23) 14 24)28
25) 14 26) 21 27) 35 28) 7 29) 28 30) 56
31) 28 32) 0 33) 7 34) 42 35) 63 36) 21
37) 35 38) 56 39) 42 40) 28 41) 0 42) 63
43) 49 44) 7 45) 35 46) 14 47) 28 48) 35
49) 21 50) 42 51) 28 52) 14 53) 63 54)21
55) 42 56) 56 57) 14 58) 28 59) 21 60) 7

## Day 43:
1) 28 2) 35 3) 14 4) 56 5) 42 6) 0
7) 7 8) 42 9) 14 10) 63 11) 28 12) 21
13) 49 14) 14 15) 28 16) 56 17) 42 18)14
19) 28 20) 21 21) 7 22) 63 23)42 24)35
25) 28 26) 42 27) 14 28) 21 29) 42 30) 7
31) 28 32) 56 33) 42 34) 7 35) 63 36) 0
37) 49 38) 21 39) 42 40) 35 41) 56 42)28
43) 7 44) 35 45) 63 46) 21 47) 14 48) 42
49) 63 50) 7 51) 14 52) 56 53) 35 54) 21
55) 7 56) 35 57) 28 58) 56 59) 21 60) 42

## Day 44:
1) 42 2) 21 3) 7 4) 63 5) 0 6) 56
7) 0 8) 56 9) 35 10) 63 11) 42 12) 35
13) 14 14) 56 15) 63 16) 7 17) 49 18) 42
19) 56 20) 21 21) 14 22) 63 23) 21 24)14
25) 35 26) 7 27) 14 28) 21 29) 35 30) 56
31) 0 32) 42 33) 35 34) 21 35) 28 36) 42
37) 21 38) 7 39) 49 40) 14 41) 63 42) 56
43) 21 44) 35 45) 63 46) 21 47) 35 48)56
49) 7 50) 28 51) 35 52) 56 53) 42 54) 21
55) 0 56) 35 57) 28 58) 42 59) 14 60) 63

## Day 45:
1) 14 2) 0 3) 49 4) 42 5) 63 6) 28
7) 21 8) 14 9) 56 10) 28 11) 63 12) 56
13) 14 14) 42 15) 21 16) 35 17) 7 18) 49
19) 28 20) 63 21) 42 22) 56 23) 28 24) 14
25) 42 26) 21 27) 7 28) 14 29) 56 30) 35
31) 49 32) 7 33) 35 34) 14 35) 63 36) 7
37) 28 38) 21 39) 63 40) 14 41) 7 42) 21
43) 35 44) 21 45) 63 46) 35 47) 56 48)14
49) 63 50) 35 51) 42 52) 56 53) 28 54) 7
55) 14 56) 56 57) 28 58) 42 59) 49 60) 7

## Day 46:
1) 56 2) 21 3) 14 4) 35 5) 28 6) 42
7) 35 8) 7 9) 49 10) 63 11) 28 12) 21
13) 14 14) 63 15) 35 16) 49 17) 42 18) 0
19) 28 20) 42 21) 14 22) 7 23) 56 24) 21
25) 63 26) 28 27) 35 28) 56 29) 0 30) 28
31) 14 32) 63 33) 42 34) 7 35) 35 36) 42
37) 35 38) 14 39) 49 40) 28 41) 7 42) 21
43) 0 44) 56 45) 63 46) 14 47) 28 48) 7
49) 56 50) 42 51) 21 52) 14 53) 63 54)49
55) 35 56) 14 57) 63 58) 21 59) 56 60) 7

## Day 47:
1) 16 2) 40 3) 16 4) 56 5) 0 6) 40
7) 16 8) 40 9) 0 10) 72 11) 32 12) 8
13) 48 14) 24 15) 72 16) 32 17) 56 18)16
19) 56 20) 32 21) 16 22) 24 23) 40 24)24
25) 72 26) 8 27) 40 28) 64 29) 40 30) 16
31) 32 32) 0 33) 40 34) 8 35) 72 36) 64
37) 56 38) 40 39) 72 40) 64 41) 8 42) 48
43) 24 44) 72 45) 48 46) 16 47) 64 48)48
49) 0 50) 24 51) 40 52) 32 53) 48 54) 56
55) 40 56) 56 57) 72 58) 64 59) 16 60)24

## Day 48:
1) 48 2) 24 3) 24 4) 40 5) 56 6) 16
7) 72 8) 32 9) 56 10) 0 11) 48 12) 56
13) 64 14) 32 15) 72 16) 48 17) 40 18)16
19) 48 20) 64 21) 24 22) 40 23) 8 24) 0
25) 56 26) 8 27) 24 28) 32 29) 40 30) 56
31) 40 32) 16 33) 24 34) 72 35) 32 36) 8
37) 48 38) 40 39) 72 40) 16 41) 32 42) 0
43) 64 44) 48 45) 72 46) 16 47) 48 48)32
49) 8 50) 48 51) 40 52) 32 53) 72 54) 24
55) 16 56) 40 57) 48 58) 8 59) 72 60) 24

## Day 49:
1) 72 2) 56 3) 32 4) 40 5) 24 6) 0
7) 8 8) 32 9) 48 10) 72 11) 24 12) 40
13) 48 14) 24 15) 8 16) 40 17) 64 18) 16
19) 56 20) 48 21) 72 22) 64 23) 16 24) 32
25) 16 26) 24 27) 40 28) 8 29) 32 30) 0
31) 32 32) 64 33) 8 34) 56 35) 48 36) 24
37) 64 38) 40 39) 48 40) 32 41) 0 42) 72
43) 56 44) 8 45) 40 46) 16 47) 32 48) 40
49) 24 50) 48 51) 32 52) 16 53) 72 54) 24
55) 64 56) 48 57) 32 58) 16 59) 24 60) 8

## Day 50:
1) 32 2) 72 3) 48 4) 24 5) 16 6) 56
7) 40 8) 48 9) 16 10) 72 11) 32 12) 24
13) 56 14) 16 15) 24 16) 56 17) 48 18)16
19) 32 20) 40 21) 8 22) 72 23) 48 24) 40
25) 0 26) 48 27) 16 28) 24 29) 8 30) 48
31) 32 32) 64 33) 48 34) 56 35) 72 36) 56
37) 0 38) 24 39) 48 40) 40 41) 56 42)64
43) 8 44) 40 45) 72 46) 24 47) 16 48) 48
49) 72 50) 8 51) 16 52) 64 53) 40 54) 24
55) 8 56) 40 57) 32 58) 56 59) 24 60) 48

## Day 51:
1) 48 2) 24 3) 16 4) 40 5) 56 6) 32
7) 0 8) 56 9) 40 10) 72 11) 48 12) 40
13) 16 14) 64 15) 72 16) 8 17) 56 18) 48
19) 40 20) 24 21) 16 22) 72 23) 24 24)16
25) 64 26) 8 27) 32 28) 24 29) 40 30) 56
31) 72 32) 48 33) 40 34) 24 35) 32 36)48
37) 24 38) 8 39) 56 40) 16 41) 72 42) 56
43) 24 44) 40 45) 72 46) 24 47) 40 48)64
49) 8 50) 32 51) 40 52) 64 53) 48 54) 24
55) 32 56) 40 57) 64 58) 48 59) 16 60) 72

## Day 52:
1) 16 2) 56 3) 24 4) 32 5) 48 6) 40
7) 8 8) 40 9) 0 10) 72 11) 32 12) 64
13) 56 14) 32 15) 72 16) 56 17) 48 18) 56
19) 8 20) 24 21) 16 22) 72 23) 0 24) 16
25) 72 26) 32 27) 24 28) 40 29) 48 30) 64
31) 8 32) 56 33) 40 34) 0 35) 72 36) 48
37) 32 38) 24 39) 48 40) 24 41) 32 42) 56
43) 40 44) 16 45) 72 46) 48 47) 64 48)16
49) 8 50) 48 51) 40 52) 64 53) 72 54) 24
55) 40 56) 32 57) 72 58) 32 59) 24 60) 16

## Day 53:
1) 32 2) 72 3) 16 4) 48 5) 24 6) 40
7) 56 8) 0 9) 64 10) 72 11) 40 12) 8
13) 48 14) 32 15) 24 16) 56 17) 48 18) 56
19) 40 20) 24 21) 16 22) 72 23) 48 24) 24
25) 72 26) 32 27) 40 28) 64 29) 48 30)16
31) 8 32) 56 33) 40 34) 8 35) 72 36) 40
37) 32 38) 24 39) 72 40) 24 41) 8 42) 40
43) 64 44) 48 45) 24 46) 72 47) 8 48) 16
49) 8 50) 64 51) 40 52) 56 53) 32 54) 72
55) 0 56) 32 57) 40 58) 16 59) 56 60) 32

## Day 54:
1) 54 2) 27 3) 18 4) 45 5) 63 6) 72
7) 45 8) 63 9) 72 10) 81 11) 36 12) 9
13) 63 14) 81 15) 27 16) 18 17) 54 18) 9
19) 45 20) 27 21) 18 22) 36 23) 54 24)27
25) 81 26) 36 27) 45 28) 72 29) 45 30)18
31) 36 32) 9 33) 45 34) 9 35) 81 36) 45
37) 36 38) 27 39) 81 40) 72 41) 9 42) 72
43) 54 44) 36 45) 81 46) 45 47) 72 48)18
49) 63 50) 36 51) 45 52) 27 53) 63 54)72
55) 45 56) 36 57) 27 58) 18 59) 63 60)36

# Answer Key

## Day 55:
1) 63  2) 54  3) 27  4) 45  5) 72  6) 54
7) 36  8) 45  9) 54  10) 9  11) 36  12) 27
13) 63  14) 36  15) 81  16) 72  17) 54  18) 63
19) 81  20) 27  21) 18  22) 72  23) 27  24) 36
25) 45  26) 54  27) 27  28) 18  29) 54  30) 72
31) 9  32) 63  33) 45  34) 27  35) 54  36) 0
37) 36  38) 81  39) 63  40) 45  41) 36  42) 72
43) 45  44) 27  45) 63  46) 54  47) 72  48) 18
49) 72  50) 9  51) 45  52) 81  53) 54  54) 27
55) 18  56) 36  57) 45  58) 72  59) 27  60) 18

## Day 56:
1) 27  2) 54  3) 63  4) 81  5) 36  6) 0
7) 36  8) 45  9) 54  10) 63  11) 72  12) 36
13) 63  14) 36  15) 81  16) 0  17) 54  18) 63
19) 72  20) 27  21) 45  22) 72  23) 0  24) 81
25) 45  26) 9  27) 27  28) 36  29) 45  30) 72
31) 18  32) 63  33) 45  34) 81  35) 36  36) 54
37) 9  38) 27  39) 63  40) 45  41) 36  42) 54
43) 81  44) 36  45) 63  46) 18  47) 72  48) 9
49) 45  50) 9  51) 36  52) 54  53) 27  54) 81
55) 63  56) 72  57) 18  58) 36  59) 27  60) 54

## Day 57:
1) 36  2) 27  3) 45  4) 72  5) 81  6) 63
7) 45  8) 9  9) 54  10) 18  11) 36  12) 27
13) 81  14) 18  15) 36  16) 72  17) 27  18) 63
19) 54  20) 36  21) 18  22) 63  23) 81  24) 45
25) 36  26) 27  27) 81  28) 63  29) 54  30) 9
31) 18  32) 63  33) 36  34) 9  35) 81  36) 63
37) 45  38) 27  39) 63  40) 45  41) 72  42) 36
43) 81  44) 54  45) 18  46) 27  47) 54  48) 63
49) 45  50) 9  51) 18  52) 72  53) 45  54) 27
55) 9  56) 72  57) 36  58) 54  59) 27  60) 72

## Day 58:
1) 63  2) 27  3) 18  4) 45  5) 0  6) 54
7) 36  8) 45  9) 54  10) 81  11) 45  12) 9
13) 63  14) 0  15) 45  16) 72  17) 54  18) 63
19) 27  20) 9  21) 18  22) 63  23) 36  24) 81
25) 45  26) 27  27) 18  28) 63  29) 54  30) 9
31) 72  32) 63  33) 36  34) 9  35) 36  36) 45
37) 63  38) 27  39) 81  40) 45  41) 72  42) 36
43) 45  44) 54  45) 63  46) 27  47) 54  48) 18
49) 63  50) 9  51) 18  52) 72  53) 81  54) 27
55) 36  56) 72  57) 45  58) 54  59) 27  60) 72

## Day 59:
1) 0  2) 54  3) 81  4) 72  5) 54  6) 36
7) 27  8) 45  9) 54  10) 63  11) 36  12) 72
13) 63  14) 36  15) 81  16) 0  17) 54  18) 63
19) 72  20) 27  21) 45  22) 72  23) 36  24) 27
25) 45  26) 0  27) 81  28) 9  29) 45  30) 72
31) 18  32) 63  33) 45  34) 36  35) 27  36) 54
37) 9  38) 81  39) 63  40) 45  41) 36  42) 54
43) 81  44) 45  45) 27  46) 18  47) 72  48) 9
49) 36  50) 63  51) 45  52) 54  53) 18  54) 27
55) 72  56) 27  57) 18  58) 36  59) 81  60) 54

## Day 60:
1) 63  2) 54  3) 45  4) 72  5) 18  6) 81
7) 27  8) 45  9) 72  10) 18  11) 36  12) 18
13) 54  14) 36  15) 81  16) 63  17) 54  18) 63
19) 45  20) 54  21) 18  22) 63  23) 54  24) 18
25) 27  26) 36  27) 45  28) 72  29) 54  30) 0
31) 9  32) 63  33) 45  34) 81  35) 63  36) 45
37) 0  38) 27  39) 81  40) 36  41) 9  42) 72
43) 45  44) 54  45) 27  46) 0  47) 72  48) 18
49) 81  50) 54  51) 45  52) 72  53) 36  54) 45
55) 18  56) 36  57) 45  58) 9  59) 63  60) 72

## Day 61:
1) 80  2) 33  3) 90  4) 66  5) 88  6) 50
7) 44  8) 40  9) 60  10) 99  11) 30  12) 88
13) 55  14) 33  15) 90  16) 40  17) 66  18) 77
19) 88  20) 30  21) 77  22) 80  23) 20  24) 99
25) 0  26) 33  27) 121  28) 10  29) 60  30) 88
31) 20  32) 70  33) 55  34) 40  35) 99  36) 55
37) 100  38) 0  39) 70  40) 50  41) 80  42) 90
43) 66  44) 55  45) 90  46) 110  47) 40  48) 121
49) 30  50) 11  51) 55  52) 60  53) 100  54) 30
55) 99  56) 110  57) 22  58) 50  59) 40  60) 66

## Day 62:
1) 80  2) 33  3) 66  4) 50  5) 110  6) 55
7) 100  8) 110  9) 55  10) 99  11) 40  12) 60
13) 20  14) 77  15) 0  16) 90  17) 121  18) 22
19) 40  20) 30  21) 22  22) 60  23) 88  24) 33
25) 121  26) 40  27) 99  28) 80  29) 55  30) 44
31) 60  32) 0  33) 50  34) 11  35) 99  36) 30
37) 66  38) 22  39) 70  40) 40  41) 100  42) 55
43) 44  44) 60  45) 90  46) 22  47) 88  48) 60
49) 88  50) 70  51) 121  52) 20  53) 90  54) 11
55) 55  56) 22  57) 90  58) 33  59) 110  60) 77

## Day 63:
1) 110  2) 77  3) 99  4) 50  5) 90  6) 100
7) 44  8) 77  9) 50  10) 70  11) 99  12) 60
13) 99  14) 121  15) 10  16) 66  17) 0  18) 33
19) 22  20) 44  21) 80  22) 88  23) 90  24) 77
25) 77  26) 40  27) 110  28) 100  29) 99  30) 33
31) 10  32) 88  33) 11  34) 121  35) 44  36) 90
37) 90  38) 70  39) 22  40) 55  41) 100  42) 99
43) 33  44) 88  45) 40  46) 80  47) 10  48) 55
49) 30  50) 77  51) 55  52) 44  53) 0  54) 44
55) 50  56) 88  57) 121  58) 80  59) 100  60) 90

## Day 64:
1) 44  2) 88  3) 70  4) 110  5) 90  6) 55
7) 77  8) 50  9) 121  10) 70  11) 44  12) 10
13) 110  14) 33  15) 90  16) 40  17) 66  18) 20
19) 60  20) 44  21) 22  22) 30  23) 50  24) 33
25) 99  26) 11  27) 50  28) 80  29) 55  30) 121
31) 44  32) 0  33) 50  34) 10  35) 90  36) 88
37) 77  38) 55  39) 90  40) 80  41) 11  42) 60
43) 33  44) 100  45) 60  46) 22  47) 88  48) 66
49) 0  50) 30  51) 50  52) 44  53) 60  54) 10
55) 50  56) 77  57) 90  58) 80  59) 22  60) 33

## Day 65:
1) 44  2) 70  3) 55  4) 99  5) 60  6) 77
7) 90  8) 55  9) 80  10) 20  11) 40  12) 0
13) 66  14) 40  15) 99  16) 100  17) 60  18) 77
19) 50  20) 121  21) 20  22) 110  23) 66  24) 20
25) 30  26) 44  27) 50  28) 88  29) 60  30) 0
31) 11  32) 70  33) 121  34) 90  35) 77  36) 55
37) 0  38) 30  39) 90  40) 44  41) 110  42) 88
43) 50  44) 60  45) 33  46) 0  47) 88  48) 20
49) 90  50) 66  51) 121  52) 88  53) 40  54) 100
55) 20  56) 44  57) 50  58) 11  59) 77  60) 80

## Day 66:
1) 90  2) 80  3) 99  4) 110  5) 40  6) 121
7) 44  8) 10  9) 60  10) 99  11) 40  12) 33
13) 77  14) 20  15) 121  16) 80  17) 0  18) 70
19) 60  20) 44  21) 22  22) 70  23) 90  24) 55
25) 40  26) 33  27) 22  28) 70  29) 60  30) 10
31) 44  32) 77  33) 100  34) 11  35) 90  36) 70
37) 55  38) 33  39) 70  40) 50  41) 88  42) 121
43) 10  44) 60  45) 99  46) 30  47) 66  48) 20
49) 90  50) 121  51) 55  52) 80  53) 50  54) 30
55) 11  56) 110  57) 44  58) 60  59) 55  60) 88

## Day 67:
1) 88  2) 60  3) 110  4) 100  5) 20  6) 66
7) 99  8) 50  9) 60  10) 90  11) 50  12) 11
13) 77  14) 0  15) 55  16) 80  17) 60  18) 70
19) 33  20) 44  21) 20  22) 99  23) 0  24) 77
25) 50  26) 44  27) 30  28) 11  29) 60  30) 88
31) 80  32) 77  33) 40  34) 10  35) 90  36) 55
37) 44  38) 33  39) 70  40) 55  41) 40  42) 80
43) 121  44) 60  45) 99  46) 30  47) 66  48) 22
49) 90  50) 110  51) 121  52) 88  53) 10  54) 100
55) 77  56) 40  57) 55  58) 110  59) 110  60) 60

## Day 68:
1) 96  2) 60  3) 24  4) 144  5) 132  6) 120
7) 108  8) 48  9) 96  10) 84  11) 72  12) 144
13) 84  14) 120  15) 108  16) 0  17) 72  18) 84
19) 96  20) 36  21) 96  22) 132  23) 12  24) 60
25) 0  26) 132  27) 36  28) 48  29) 72  30) 96
31) 24  32) 84  33) 120  34) 108  35) 48  36) 72
37) 12  38) 60  39) 84  40) 24  41) 48  42) 108
43) 72  44) 84  45) 108  46) 24  47) 96  48) 12
49) 144  50) 12  51) 60  52) 72  53) 108  54) 36
55) 108  56) 0  57) 120  58) 48  59) 36  60) 72

## Day 69
1) 48  2) 96  3) 108  4) 72  5) 0  6) 132
7) 0  8) 60  9) 96  10) 108  11) 72  12) 12
13) 48  14) 84  15) 108  16) 144  17) 72  18) 24
19) 96  20) 36  21) 120  22) 108  23) 132  24) 0
25) 24  26) 36  27) 144  28) 60  29) 72  30) 96
31) 132  32) 84  33) 60  34) 36  35) 48  36) 72
37) 36  38) 0  39) 84  40) 24  41) 108  42) 96
43) 60  44) 132  45) 108  46) 48  47) 60  48) 96
49) 12  50) 0  51) 120  52) 96  53) 72  54) 36
55) 60  56) 84  57) 144  58) 36  59) 48  60) 132

## Day 70:
1) 84  2) 96  3) 24  4) 132  5) 60  6) 120
7) 24  8) 60  9) 0  10) 108  11) 48  12) 12
13) 84  14) 36  15) 108  16) 132  17) 72  18) 24
19) 72  20) 48  21) 24  22) 36  23) 60  24) 36
25) 108  26) 12  27) 60  28) 96  29) 60  30) 144
31) 48  32) 132  33) 144  34) 12  35) 108  36) 96
37) 84  38) 60  39) 120  40) 96  41) 12  42) 72
43) 36  44) 108  45) 72  46) 24  47) 132  48) 72
49) 120  50) 36  51) 60  52) 48  53) 144  54) 12
55) 60  56) 84  57) 108  58) 96  59) 24  60) 36

## Day 71:
1) 60  2) 132  3) 36  4) 108  5) 72  6) 96
7) 144  8) 60  9) 72  10) 108  11) 60  12) 12
13) 84  14) 36  15) 60  16) 96  17) 132  18) 84
19) 0  20) 48  21) 24  22) 108  23) 120  24) 84
25) 60  26) 132  27) 36  28) 0  29) 72  30) 96
31) 96  32) 84  33) 48  34) 144  35) 108  36) 60
37) 48  38) 36  39) 84  40) 60  41) 48  42) 96
43) 60  44) 72  45) 108  46) 36  47) 72  48) 24
49) 108  50) 12  51) 24  52) 96  53) 132  54) 36
55) 120  56) 48  57) 60  58) 144  59) 96  60) 72

## Day 72:
1) 24  2) 96  3) 60  4) 108  5) 96  6) 144
7) 48  8) 120  9) 72  10) 132  11) 36  12) 96
13) 60  14) 132  15) 108  16) 48  17) 72  18) 84
19) 96  20) 120  21) 84  22) 96  23) 24  24) 108
25) 120  26) 0  27) 132  28) 12  29) 72  30) 144
31) 24  32) 84  33) 60  34) 48  35) 108  36) 60
37) 120  38) 132  39) 84  40) 144  41) 96  42) 108
43) 72  44) 60  45) 108  46) 120  47) 48  48) 132
49) 36  50) 12  51) 60  52) 72  53) 120  54) 36
55) 108  56) 120  57) 24  58) 60  59) 48  60) 132

# Answer Key

## Day 73:
1) 12  2) 144  3) 108  4) 84  5) 60  6) 0
7) 72  8) 48  9) 96  10) 132  11) 72  12) 120
13) 84  14) 48  15) 108  16) 144  17) 60  18) 84
19) 72  20) 36  21) 96  22) 60  23) 12  24) 132
25) 120  26) 12  27) 36  28) 48  29) 96  30) 72
31) 24  32) 84  33) 132  34) 108  35) 48  36) 144
37) 72  38) 60  39) 84  40) 24  41) 120  42) 108
43) 96  44) 84  45) 108  46) 24  47) 72  48) 12
49) 48  50) 120  51) 60  52) 144  53) 120  54) 36
55) 72  56) 60  57) 24  58) 132  59) 36  60) 108

## Day 74:
1) 0  2) 36  3) 96  4) 108  5) 96  6) 120
7) 84  8) 60  9) 96  10) 120  11) 48  12) 24
13) 72  14) 132  15) 36  16) 84  17) 72  18) 84
19) 60  20) 144  21) 24  22) 108  23) 132  24) 36
25) 108  26) 48  27) 60  28) 96  29) 72  30) 24
31) 12  32) 84  33) 60  34) 0  35) 108  36) 60
37) 48  38) 36  39) 108  40) 120  41) 144  42) 96
43) 60  44) 72  45) 108  46) 132  47) 96  48) 24
49) 12  50) 0  51) 144  52) 96  53) 48  54) 96
55) 108  56) 48  57) 60  58) 132  59) 84  60) 120

## Day 75:
1) 4  2) 15  3) 4  4) 50  5) 27  6) 25
7) 108  8) 14  9) 9  10) 88  11) 36  12) 60
13) 72  14) 72  15) 48  16) 90  17) 30  18) 63
19) 77  20) 120  21) 108  22) 24  23) 66  24) 81
25) 54  26) 56  27) 18  28) 0  29) 22  30) 32
31) 81  32) 16  33) 35  34) 24  35) 10  36) 36
37) 44  38) 42  39) 16  40) 40  41) 16  42) 12
43) 9  44) 45  45) 96  46) 14  47) 36  48) 35
49) 48  50) 72  51) 77  52) 40  53) 64  54) 24
55) 21  56) 25  57) 108  58) 36  59) 56  60) 36

## Day 76:
1) 28  2) 45  3) 18  4) 10  5) 21  6) 55
7) 27  8) 49  9) 48  10) 18  11) 48  12) 42
13) 16  14) 32  15) 72  16) 45  17) 16  18) 15
19) 54  20) 64  21) 36  22) 12  23) 42  24) 9
25) 60  26) 28  27) 63  28) 121  29) 20  30) 40
31) 48  32) 132  33) 49  34) 54  35) 56  36) 6
37) 18  38) 10  39) 144  40) 0  41) 6  42) 72
43) 35  44) 24  45) 36  46) 42  47) 12  48) 88
49) 32  50) 27  51) 16  52) 120  53) 63  54) 9
55) 30  56) 45  57) 48  58) 15  59) 72  60) 32

## Day 77:
1) 36  2) 12  3) 42  4) 45  5) 40  6) 14
7) 48  8) 20  9) 27  10) 49  11) 28  12) 36
13) 72  14) 20  15) 30  16) 64  17) 42  18) 18
19) 32  20) 121  21) 15  22) 8  23) 90  24) 96
25) 63  26) 4  27) 12  28) 81  29) 45  30) 32
31) 56  32) 25  33) 54  34) 24  35) 144  36) 6
37) 40  38) 40  39) 60  40) 15  41) 44  42) 21
43) 108  44) 63  45) 42  46) 32  47) 40  48) 24
49) 12  50) 27  51) 50  52) 81  53) 48  54) 18
55) 63  56) 84  57) 12  58) 20  59) 18  60) 24

## Day 78:
1) 36  2) 56  3) 30  4) 99  5) 10  6) 42
7) 48  8) 49  9) 16  10) 15  11) 36  12) 21
13) 18  14) 132  15) 7  16) 64  17) 8  18) 18
19) 49  20) 24  21) 63  22) 36  23) 108  24) 4
25) 40  26) 66  27) 144  28) 9  29) 72  30) 35
31) 121  32) 20  33) 36  34) 16  35) 21  36) 96
37) 27  38) 18  39) 77  40) 64  41) 30  42) 56
43) 16  44) 6  45) 120  46) 14  47) 54  48) 80
49) 16  50) 12  51) 25  52) 36  53) 42  54) 12
55) 110  56) 48  57) 30  58) 24  59) 45  60) 24

## Day 79:
1) 4  2) 33  3) 60  4) 15  5) 63  6) 48
7) 36  8) 56  9) 36  10) 64  11) 24  12) 27
13) 12  14) 36  15) 49  16) 72  17) 32  18) 42
19) 30  20) 16  21) 132  22) 20  23) 28  24) 72
25) 16  26) 40  27) 60  28) 14  29) 55  30) 4
31) 63  32) 32  33) 12  34) 96  35) 15  36) 27
37) 28  38) 18  39) 18  40) 0  41) 49  42) 48
43) 81  44) 25  45) 27  46) 121  47) 5  48) 30
49) 16  50) 99  51) 36  52) 40  53) 36  54) 9
55) 100  56) 0  57) 45  58) 32  59) 12  60) 42

## Day 80:
1) 48  2) 35  3) 15  4) 54  5) 108  6) 28
7) 40  8) 49  9) 30  10) 30  11) 12  12) 6
13) 48  14) 18  15) 42  16) 25  17) 8  18) 72
19) 63  20) 24  21) 132  22) 18  23) 27  24) 35
25) 54  26) 32  27) 63  28) 42  29) 12  30) 24
31) 12  32) 12  33) 100  34) 5  35) 60  36) 48
37) 64  38) 80  39) 77  40) 18  41) 35  42) 6
43) 45  44) 12  45) 49  46) 17  47) 36  48) 42
49) 72  50) 27  51) 40  52) 28  53) 0  54) 9
55) 4  56) 36  57) 20  58) 32  59) 18  60) 81

## Day 81:
1) 36  2) 12  3) 32  4) 35  5) 12  6) 54
7) 9  8) 10  9) 42  10) 21  11) 72  12) 0
13) 30  14) 20  15) 40  16) 16  17) 18  18) 36
19) 14  20) 36  21) 63  22) 15  23) 81  24) 60
25) 4  26) 3  27) 24  28) 25  29) 56  30) 24
31) 88  32) 100  33) 54  34) 8  35) 45  36) 96
37) 8  38) 7  39) 40  40) 144  41) 36  42) 6
43) 66  44) 12  45) 49  46) 110  47) 28  48) 72
49) 32  50) 30  51) 25  52) 72  53) 24  54) 36
55) 2  56) 64  57) 36  58) 21  59) 120  60) 22

## Day 82:
1) 30  2) 3  3) 10  4) 5  5) 21  6) 25
7) 0  8) 10  9) 1  10) 9  11) 12  12) 81
13) 20  14) 28  15) 60  16) 32  17) 9  18) 24
19) 48  20) 36  21) 18  22) 20  23) 32  24) 77
25) 144  26) 40  27) 18  28) 9  29) 18  30) 121
31) 80  32) 54  33) 8  34) 15  35) 36  36) 9
37) 0  38) 7  39) 44  40) 64  41) 72  42) 42
43) 24  44) 25  45) 96  46) 1  47) 36  48) 120
49) 30  50) 81  51) 40  52) 24  53) 33  54) 18
55) 16  56) 27  57) 35  58) 32  59) 63  60) 49

## Day 83:
1) 33  2) 40  3) 16  4) 45  5) 24  6) 56
7) 40  8) 30  9) 21  10) 40  11) 28  12) 6
13) 63  14) 42  15) 45  16) 12  17) 56  18) 10
19) 25  20) 32  21) 28  22) 20  23) 6  24) 72
25) 55  26) 64  27) 8  28) 35  29) 96  30) 20
31) 121  32) 16  33) 50  34) 0  35) 40  36) 54
37) 24  38) 42  39) 88  40) 100  41) 12  42) 16
43) 3  44) 20  45) 30  46) 10  47) 36  48) 56
49) 72  50) 72  51) 49  52) 24  53) 28  54) 15
55) 48  56) 60  57) 63  58) 16  59) 27  60) 8

## Day 84:
1) 40  2) 30  3) 6  4) 40  5) 42  6) 10
7) 12  8) 63  9) 14  10) 24  11) 28  12) 45
13) 32  14) 18  15) 5  16) 42  17) 18  18) 56
19) 2  20) 8  21) 24  22) 28  23) 63  24) 16
25) 0  26) 28  27) 27  28) 60  29) 72  30) 24
31) 88  32) 108  33) 80  34) 42  35) 20  36) 30
37) 24  38) 25  39) 18  40) 45  41) 84  42) 80
43) 36  44) 15  45) 24  46) 12  47) 36  48) 48
49) 28  50) 36  51) 49  52) 108  53) 56  54) 21
55) 5  56) 44  57) 64  58) 12  59) 27  60) 60

## Day 85:
1) 60  2) 28  3) 12  4) 72  5) 42  6) 45
7) 36  8) 24  9) 56  10) 15  11) 16  12) 63
13) 55  14) 36  15) 35  16) 16  17) 24  18) 28
19) 27  20) 20  21) 4  22) 48  23) 18  24) 21
25) 8  26) 44  27) 36  28) 6  29) 0  30) 36
31) 1  32) 64  33) 9  34) 99  35) 16  36) 108
37) 9  38) 24  39) 100  40) 42  41) 24  42) 72
43) 30  44) 25  45) 28  46) 40  47) 6  48) 30
49) 77  50) 84  51) 20  52) 8  53) 81  54) 42
55) 15  56) 56  57) 45  58) 32  59) 0  60) 63

## Day 86:
1) 42  2) 24  3) 12  4) 132  5) 36  6) 40
7) 24  8) 55  9) 72  10) 9  11) 32  12) 64
13) 54  14) 56  15) 45  16) 144  17) 25  18) 14
19) 21  20) 27  21) 72  22) 20  23) 100  24) 18
25) 35  26) 36  27) 33  28) 10  29) 49  30) 36
31) 121  32) 40  33) 30  34) 16  35) 63  36) 8
37) 27  38) 110  39) 21  40) 0  41) 40  42) 81
43) 15  44) 9  45) 96  46) 120  47) 45  48) 80
49) 48  50) 36  51) 20  52) 32  53) 72  54) 21
55) 0  56) 7  57) 16  58) 56  59) 54  60) 12

## Day 87:
1) 25  2) 54  3) 56  4) 5  5) 12  6) 21
7) 121  8) 10  9) 1  10) 56  11) 8  12) 54
13) 40  14) 36  15) 6  16) 144  17) 14  18) 90
19) 0  20) 12  21) 0  22) 20  23) 64  24) 6
25) 63  26) 100  27) 49  28) 4  29) 28  30) 20
31) 88  32) 72  33) 72  34) 63  35) 66  36) 96
37) 8  38) 48  39) 40  40) 60  41) 54  42) 18
43) 36  44) 70  45) 21  46) 44  47) 16  48) 30
49) 32  50) 10  51) 35  52) 36  53) 88  54) 15
55) 84  56) 28  57) 18  58) 81  59) 10  60) 40

## Day 88:
1) 72  2) 15  3) 63  4) 16  5) 36  6) 30
7) 40  8) 10  9) 28  10) 45  11) 24  12) 49
13) 9  14) 99  15) 20  16) 32  17) 72  18) 42
19) 0  20) 12  21) 64  22) 15  23) 48  24) 6
25) 36  26) 11  27) 18  28) 12  29) 24  30) 100
31) 56  32) 27  33) 36  34) 3  35) 132  36) 25
37) 54  38) 24  39) 30  40) 4  41) 45  42) 48
43) 0  44) 35  45) 49  46) 18  47) 84  48) 12
49) 121  50) 72  51) 40  52) 63  53) 30  54) 20
55) 48  56) 0  57) 25  58) 24  59) 49  60) 96

## Day 89:
1) 25  2) 72  3) 20  4) 8  5) 21  6) 60
7) 18  8) 40  9) 12  10) 9  11) 8  12) 63
13) 20  14) 81  15) 5  16) 28  17) 16  18) 36
19) 27  20) 12  21) 21  22) 100  23) 36  24) 33
25) 0  26) 7  27) 64  28) 10  29) 8  30) 72
31) 9  32) 108  33) 20  34) 54  35) 56  36) 77
37) 110  38) 24  39) 0  40) 15  41) 36  42) 20
43) 21  44) 30  45) 48  46) 2  47) 36  48) 35
49) 12  50) 72  51) 49  52) 88  53) 0  54) 24
55) 48  56) 45  57) 18  58) 8  59) 88  60) 28

## Day 90:
1) 35  2) 8  3) 7  4) 36  5) 48  6) 120
7) 54  8) 10  9) 121  10) 24  11) 27  12) 28
13) 40  14) 81  15) 8  16) 0  17) 63  18) 18
19) 10  20) 12  21) 21  22) 32  23) 72  24) 36
25) 44  26) 64  27) 0  28) 10  29) 14  30) 20
31) 56  32) 108  33) 16  34) 42  35) 25  36) 12
37) 30  38) 49  39) 72  40) 1  41) 54  42) 88
43) 60  44) 15  45) 9  46) 2  47) 81  48) 48
49) 28  50) 27  51) 100  52) 16  53) 60  54) 36
55) 14  56) 24  57) 63  58) 32  59) 6  60) 7

## Answer Key

**Day 91:**
1) 36 2) 49 3) 7 4) 10 5) 12 6) 12
7) 27 8) 10 9) 9 10) 9 11) 32 12) 45
13) 28 14) 110 15) 40 16) 16 17) 14 18) 3
19) 56 20) 30 21) 24 22) 72 23) 25 24) 18
25) 4 26) 4 27) 64 28) 10 29) 0 30) 20
31) 60 32) 96 33) 9 34) 11 35) 32 36) 144
37) 27 38) 56 39) 100 40) 30 41) 25 42) 36
43) 9 44) 40 45) 48 46) 16 47) 48 48) 77
49) 12 50) 70 51) 15 52) 28 53) 21 54) 24
55) 5 56) 88 57) 24 58) 35 59) 72 60) 36

**Day 92:**
1) 30 2) 35 3) 32 4) 18 5) 100 6) 56
7) 15 8) 63 9) 0 10) 7 11) 8 12) 72
13) 20 14) 16 15) 5 16) 12 17) 60 18) 33
19) 54 20) 16 21) 0 22) 50 23) 28 24) 40
25) 8 26) 4 27) 0 28) 10 29) 4 30) 20
31) 11 32) 48 33) 30 34) 54 35) 56 36) 72
37) 36 38) 80 39) 81 40) 15 41) 22 42) 24
43) 100 44) 45 45) 70 46) 144 47) 63 48) 25
49) 36 50) 24 51) 40 52) 20 53) 0 54) 36
55) 9 56) 49 57) 10 58) 28 59) 27 60) 56

**Day 93:**
1) 22 2) 72 3) 30 4) 54 5) 9 6) 20
7) 72 8) 32 9) 49 10) 27 11) 8 12) 24
13) 0 14) 56 15) 5 16) 16 17) 30 18) 121
19) 63 20) 12 21) 70 22) 48 23) 27 24) 6
25) 72 26) 96 27) 24 28) 14 29) 54 30) 32
31) 33 32) 0 33) 4 34) 132 35) 32 36) 36
37) 16 38) 56 39) 6 40) 42 41) 50 42) 45
43) 36 44) 16 45) 20 46) 88 47) 81 48) 10
49) 27 50) 108 51) 25 52) 12 53) 6 54) 32
55) 35 56) 24 57) 110 58) 4 59) 30 60) 2

**Day 94:**
1) 36 2) 56 3) 20 4) 81 5) 84 6) 24
7) 21 8) 4 9) 27 10) 9 11) 24 12) 7
13) 36 14) 42 15) 5 16) 12 17) 25 18) 27
19) 96 20) 48 21) 12 22) 28 23) 64 24) 63
25) 100 26) 24 27) 18 28) 81 29) 14 30) 16
31) 6 32) 49 33) 60 34) 66 35) 70 36) 40
37) 90 38) 24 39) 28 40) 55 41) 36 42) 24
43) 35 44) 27 45) 24 46) 20 47) 63 48) 25
49) 96 50) 0 51) 20 52) 72 53) 9 54) 36
55) 42 56) 0 57) 110 58) 12 59) 54 60) 21

**Day 95:**
1) 21 2) 8 3) 10 4) 12 5) 0 6) 72
7) 36 8) 16 9) 42 10) 9 11) 30 12) 2
13) 49 14) 54 15) 15 16) 8 17) 48 18) 35
19) 88 20) 40 21) 18 22) 20 23) 77 24) 108
25) 0 26) 9 27) 36 28) 16 29) 54 30) 56
31) 1 32) 24 33) 25 34) 72 35) 36 36) 0
37) 88 38) 42 39) 36 40) 5 41) 36 42) 8
43) 63 44) 40 45) 64 46) 6 47) 90 48) 15
49) 48 50) 18 51) 30 52) 8 53) 77 54) 48
55) 24 56) 100 57) 0 58) 32 59) 27 60) 56

**Day 96:**
1) 60 2) 12 3) 48 4) 42 5) 27 6) 32
7) 15 8) 24 9) 42 10) 32 11) 24 12) 54
13) 18 14) 16 15) 5 16) 0 17) 50 18) 36
19) 56 20) 72 21) 100 22) 20 23) 96 24) 24
25) 12 26) 121 27) 25 28) 27 29) 4 30) 55
31) 81 32) 48 33) 20 34) 10 35) 28 36) 24
37) 63 38) 64 39) 84 40) 15 41) 49 42) 0
43) 30 44) 45 45) 16 46) 36 47) 72 48) 100
49) 12 50) 12 51) 40 52) 20 53) 54 54) 24
55) 77 56) 27 57) 14 58) 7 59) 25 60) 9

**Day 97:**
1) 24 2) 40 3) 42 4) 5 5) 24 6) 30
7) 64 8) 10 9) 36 10) 48 11) 8 12) 63
13) 28 14) 16 15) 5 16) 44 17) 32 18) 12
19) 18 20) 12 21) 72 22) 45 23) 7 24) 36
25) 0 26) 81 27) 0 28) 10 29) 56 30) 30
31) 24 32) 36 33) 66 34) 16 35) 54 36) 40
37) 8 38) 49 39) 96 40) 100 41) 60 42) 4
43) 36 44) 72 45) 21 46) 99 47) 14 48) 30
49) 60 50) 9 51) 35 52) 63 53) 110 54) 24
55) 2 56) 8 57) 45 58) 28 59) 18 60) 55

**Day 98:**
1) 56 2) 32 3) 14 4) 54 5) 21 6) 80
7) 84 8) 12 9) 63 10) 9 11) 36 12) 45
13) 20 14) 0 15) 30 16) 16 17) 0 18) 28
19) 110 20) 12 21) 18 22) 24 23) 25 24) 16
25) 24 26) 0 27) 27 28) 10 29) 24 30) 50
31) 42 32) 48 33) 30 34) 6 35) 28 36) 40
37) 108 38) 80 39) 77 40) 15 41) 35 42) 16
43) 9 44) 20 45) 32 46) 60 47) 81 48) 5
49) 56 50) 18 51) 40 52) 36 53) 60 54) 24
55) 10 56) 0 57) 70 58) 96 59) 27 60) 42

**Day 99:**
1) 81 2) 48 3) 14 4) 40 5) 18 6) 120
7) 9 8) 10 9) 6 10) 21 11) 8 12) 72
13) 5 14) 121 15) 20 16) 24 17) 24 18) 3
19) 36 20) 12 21) 18 22) 20 23) 56 24) 6
25) 63 26) 28 27) 30 28) 10 29) 20 30) 32
31) 88 32) 0 33) 72 34) 8 35) 27 36) 16
37) 60 38) 7 39) 40 40) 8 41) 81 42) 8
43) 54 44) 99 45) 21 46) 44 47) 49 48) 30
49) 63 50) 10 51) 35 52) 108 53) 48 54) 18
55) 12 56) 28 57) 72 58) 20 59) 110 60) 24

**Day 100:**
1) 3 2) 4 3) 22 4) 8 5) 45 6) 70
7) 27 8) 36 9) 54 10) 9 11) 32 12) 21
13) 96 14) 64 15) 5 16) 16 17) 27 18) 3
19) 28 20) 12 21) 0 22) 20 23) 56 24) 6
25) 18 26) 4 27) 63 28) 10 29) 48 30) 20
31) 56 32) 16 33) 55 34) 6 35) 84 36) 72
37) 15 38) 80 39) 144 40) 36 41) 55 42) 12
43) 25 44) 45 45) 0 46) 10 47) 108 48) 35
49) 72 50) 36 51) 40 52) 20 53) 18 54) 24
55) 18 56) 49 57) 40 58) 28 59) 27 60) 54

100 Days of Decimals, Percents & Fractions — Ages 10-14
Humble Math

100 Days of Telling the Time — Ages 7-9
Practice Reading Clocks
Humble Math

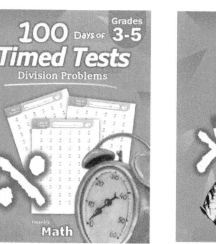

100 Days of Timed Tests — Grades 3-5
Division Problems
Humble Math

100 Days of Multi-Digit Multiplication — Ages 10-13
Humble Math

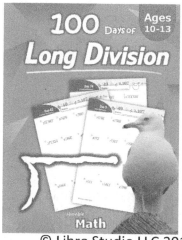

100 Days of Long Division — Ages 10-13
Humble Math

Made in the USA
Monee, IL
29 January 2021